Hermine Gronau

KEIME & SPROSSEN einfach köstlich

HÄDECKE VERLAG

ISBN 3-7750-0189-1

Fotos:
Studio Gerlach, Frankfurt.
Seite 67: H. Bischof, München.

Titelbild: Chris Meier, Stuttgart.

Die Rezepte und Ratschläge in diesem Buch wurden von der Autorin und vom Verlag sorgfältig geprüft, dennoch kann eine Garantie nicht übernommen werden. Eine Haftung des Verlages, seiner Beauftragten oder der Autorin für etwaige Personen-, Sach- oder Vermögensschäden ist ausgeschlossen.

Satz: Fotosatz Schmid GmbH, Weil der Stadt.

Druck: E. Bandell, Stuttgart, Printed in Germany.

INHALTSVERZEICHNIS

Vorwort

Eine ausgewogene, den Bedürfnissen des Körpers entsprechende Ernährung bildet die Grundlage für die Erhaltung unserer geistigen und körperlichen Leistungsfähigkeit und unseres Wohlbefindens — eben das, was wir allgemein als Gesundheit bezeichnen.

Deshalb sind die Grundsätze der Vollwert-Ernährung die Forderung nach möglichst hoher Lebensmittelqualität und einem möglichst hohen Grad an Naturbelassenheit.

Das Ziel dieses Buches ist es, eine Kost, die den heutigen Erkenntnissen der Ernährungswissenschaft entspricht, schmackhaft zu servieren.

Da Keimlinge hierbei sowohl geschmacklich als auch ernährungsphysiologisch eine ideale Ergänzung sind, möchte ich Beispiele, vor allem aber Anregungen für ihre vielfältigen Verwendungsmöglichkeiten geben.

Die Aufzucht von Keimlingen ist denkbar einfach und ohne großen Zeit- und Kostenaufwand durchzuführen.

Die Rezepte sind bewußt einfach gehalten, ohne großen materiellen und zeitlichen Aufwand nachvollziehbar; sie sind schmackhaft und bekömmlich.

Ebenso war es mir ein besonderes Anliegen, die Rezepte so zu gestalten, daß auch gerade der kleine Haushalt viele Anregungen findet.

Die Mengenangaben an Keimlingen sind lediglich als Anhaltspunkte gedacht. Sie sind nach Geschmack entsprechend zu reduzieren oder zu erhöhen. Die Rezepte sind, soweit keine anderen Angaben gemacht werden, für 4 Personen berechnet.

Die auf S. 30 abgedruckte Tabelle gibt Hinweise, welche Keimlinge für welche Gerichte besonders geeignet sind.

Allen »Fensterbankgärtnerinnen und -gärtnern« wünsche ich viel Freude und Erfolg bei der Anzucht von Keimlingen und beim Zubereiten leckerer Gerichte.

Hermine Gronau

DAS WUSSTEN DIE ALTEN CHINESEN SCHON . . . .

Die Anzucht von Keimlingen und deren Verwendung zu wohlschmeckenden Gerichten ist keineswegs eine Erfindung der »neuen Küche«, sondern bereits einige tausend Jahre bekannt.

Eine Legende erzählt, daß eine Gruppe von chinesischen Landsuchern auf einem Boot den Jang-tse-kiang hinaufgefahren ist, um neue Siedlungsgebiete auszukundschaften. Auf ihrem Boot hatten sie Proviant und Saatgut geladen.

Während der Fahrt gerieten sie in ein starkes Unwetter, der Proviant ging über Bord, das Saatgut wurde naß und begann nach wenigen Tagen, als das Unwetter sich gelegt hatte, zu keimen. In ihrer Not und Verzweiflung aßen sie das gekeimte Saatgut. Sie waren überrascht, wie gut es schmeckte und wie schnell sie wieder zu Kräften kamen. Als diese Menschen sich niedergelassen hatten, wurden Keimlinge zu einem Bestandteil ihrer Nahrung.

Bereits 3000 Jahre vor unserer Zeitrechnung erwähnte Kaiser Sent-Nung in seinem Buch über Heilpflanzen die gesundheitsspendende Wirkung von gekeimten Samen.

DER SAMEN ERWACHT

Die Entwicklung einer Pflanze aus einem unscheinbaren Samen bedarf einer Fülle von komplizierten, fein aufeinander abgestimmten Vorgängen.
Jeder Samen besteht aus dem Keimpflänzchen (Embryo), dem Nährgewebe (Endosperm) und der Frucht- und Samenschale. Während der Samenreife werden die Wachstumsprozesse im Innern des Samens abgeschlossen, der Same geht vom aktiven Zustand in die Samenruhe über. In dieser Zeit ist der Wassergehalt stark vermindert. Das bewirkt, daß der Samen weitgehend gegen schädigende äußere Einflüsse resistent ist und bei günstigen Lagerbedingungen seine Keimfähigkeit über Jahre hinaus erhalten bleibt.
Werden dem Samen aber geeignete Lebensbedingungen (Wasser, Wärme, Licht) geboten, entwickelt sich daraus eine selbständige Pflanze.
Die **erste** Voraussetzung für den Übergang eines Samens vom ruhenden in den aktiven Zustand ist die Zufuhr von Wasser. Der Samen beginnt zu quellen und bei entsprechender Temperatur Stoffe aus dem Nährgewebe (Endosperm) freizusetzen, die für seinen Stoffwechsel und den Aufbau neuer Zellen notwendig sind. Ist das Nährgewebe verbraucht, haben sich zwischenzeitlich genügend Wurzeln und Blättchen gebildet, die die Aufnahme der zum Wachstum nötigen Stoffe aus dem Erdreich bzw. die Bildung von Nährstoffen ermöglichen.
Die **zweite** Voraussetzung für das Keimen ist Wärme. Jeder Samen hat ein für ihn typisches Temperatur-Optimum, d. h. Keimung und Wachstum erfolgen bei dieser Temperatur am schnellsten.
Wird diese stark unter- oder überschritten, beginnen die Keimlinge zu faulen bzw. abzusterben.
Die **dritte** Voraussetzung für den Keimvorgang sind gute Lichtverhältnisse. Man unterscheidet Licht- und Dunkelkeimer.
Die Samen, die hier besprochen werden, benötigen zur Keimung Licht. Das Licht sollte indirekt (keine direkte Sonneneinstrahlung) und zimmerhell sein.
Neben Wasser, Wärme, Licht, Sauerstoff und den verschiedenen Nährstoffen, die der Keimling aus seiner Umgebung bzw. aus dem Nährgewebe bezieht, benötigt er für seine Entwicklung noch eine Vielzahl weiterer Stoffe, die er jedoch selbst bilden kann. Hierzu gehören die sogenannten wachstumsfördernde Stoffe, die bereits in kleinsten Mengen hochwirksam sind.
Manche Samen enthalten Wirkstoffe, die eine Keimung bei geringer Wasserzufuhr verhindern. Erst bei entsprechend großer Wasserzufuhr beginnt die Keimung, bedingt durch die Herauslösung der wachstumshemmenden Stoffe. Der Gehalt mancher Samen an diesen Stoffen ist mit ein Grund dafür, daß Samen eingeweicht und häufig gespült werden müssen.

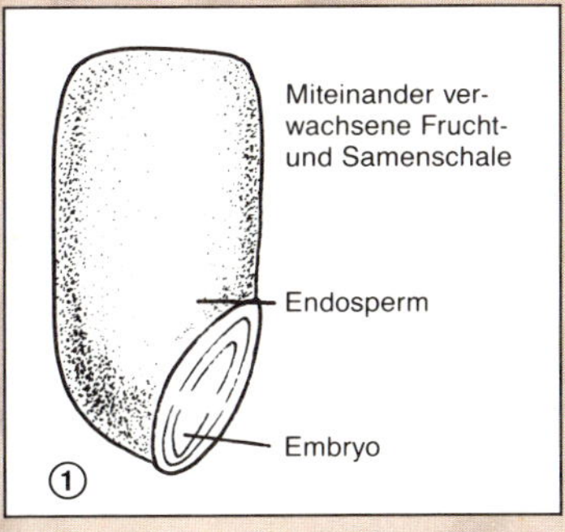

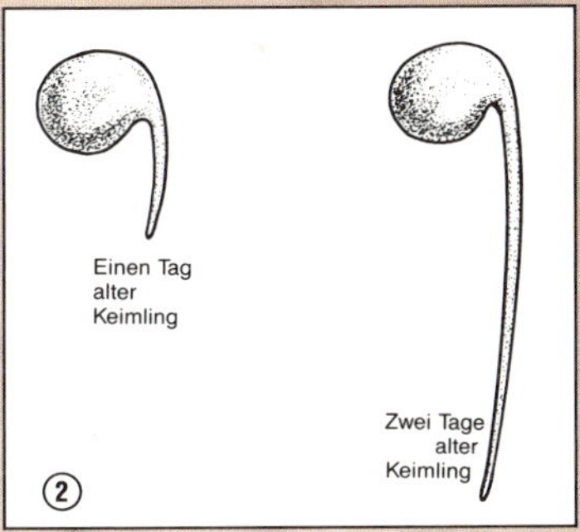

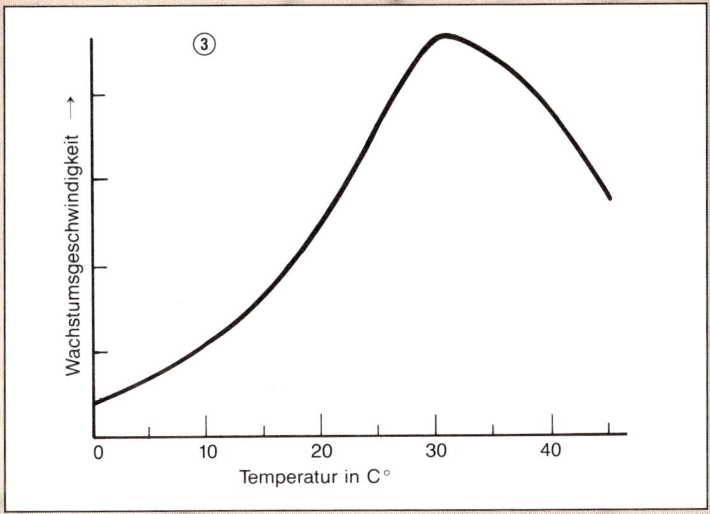

Abb. 1 zeigt ein Getreidekorn. Es enthält eine winzige Pflanze (Embryo) und gespeicherte Nährstoffe (Endosperm). Die Samenschale ist die Schutzschicht des Samens.

Abb. 2
Wachstum der Keimwurzel nach 1 und 2 Tagen.

Abb. 3
Wachstumsgeschwindigkeit eines Keimlings in Abhängigkeit der Umgebungstemperatur am Beispiel eines Erbsenkeimlinges.

Keimlinge haben es »in sich«

Jeder Organismus benötigt für den optimalen Ablauf der gesamten Stoffwechselfunktionen eine Vielzahl von Nährstoffen. Energieliefernde Nährstoffe sind Kohlenhydrate, Eiweiß und Fette, nicht energieliefernde Stoffe, dennoch unentbehrlich sind Vitamine, Mineralstoffe, Wasser, außerdem Ballast-, Aromastoffe, Phytohormone und Enzyme.

Angaben über die Veränderungen der Inhaltsstoffe in Keimlingen im Vergleich zum Samen findet man in zahlreichen Veröffentlichungen. Beim Vergleich dieser Angaben fällt auf, daß die Zahlen bisweilen sehr stark voneinander abweichen. Die Gründe hierfür sind darin zu sehen, daß verschiedene Faktoren auf den Auf- und Abbau der Inhaltsstoffe in unterschiedlichem Maße Einfluß nehmen, z. B. die Keimbedingungen, Keimdauer, Beschaffenheit des Ausgangsmaterials, Einweichzeit, Zusammensetzung des Gießwassers, Häufigkeit der Spülvorgänge und die Methodik der Nährwertbestimmungen.

Da die Daten nicht ohne weiteres miteinander verglichen werden können, wurde auf Angaben über die Zu- bzw. Abnahme der verschiedenen Nährstoffe während des Keimvorgangs bewußt verzichtet.

Es mag uns sicherlich genügen zu wissen, daß während des Keimens eine enorme Zunahme an wertgebenden Inhaltsstoffen stattfindet und sich daraus der hohe Gesundheitswert der Keimlinge ergibt.

Kohlenhydrate

Die im Samen gespeicherten Kohlenhydrate werden während des Keimvorganges zum überwiegenden Teil in Di- und Monosaccharide (Zwei- und Einfachzucker) abgebaut. Deshalb schmekken Keimlinge süßlich.

Die häufig beim Verzehr von Leguminosen (Hülsenfrüchte) Blähungen verursachenden Kohlenhydrate werden teilweise abgebaut, deshalb sind Hülsenfruchtkeimlinge gut bekömmlich.

Der Gesamtkohlenhydratgehalt nimmt während des Keimens nur geringfügig ab.

Eiweiss

Der Eiweißgehalt bleibt während des Keimvorganges nahezu unverändert. Eine sehr wichtige Veränderung vollzieht sich jedoch bei der Eiweißzusammensetzung. Aus den verschiedenen Eiweißen werden die einzelnen Aminosäuren (kleinste Eiweißbausteine) freigesetzt und dem Bedarf des Keimlings entsprechend in andere Aminosäuren umgebaut.

Bemerkenswert ist die hohe Eiweißqualität bei Weizen- und Mungobohnenkeimlingen gegenüber den ungekeimten Samen.

Fett

Durch den Keimvorgang bedingt, nimmt der Fettgehalt je nach Samenart geringfügig zu (z. B. bei Weizen) oder geringfügig ab (z. B. bei Hülsenfrüchten).

Der Anstieg um nahezu 50 % der mehrfach ungesättigten Fettsäuren während der Keimung von Weizen ist bemerkenswert und erhöht den ernährungsphysiologischen Wert des Weizenkeimlings gegenüber dem ungekeimten Weizen.

Mineral-stoffe

Keimlinge enthalten die verschiedenen Mineralstoffe in unterschiedlich hohen Mengen. Ein Anstieg des Kalziumgehaltes läßt sich bei allen Samensorten feststellen. Der Mineralstoffgehalt wird von verschiedenen Faktoren beeinflußt. Bei Verwendung von destilliertem Wasser zum Einweichen und Spülen treten sehr hohe Mineralstoffverluste auf. Je nach Gießwasserzusammensetzung, Einweichdauer, Häufigkeit und Intensität der Spülvorgänge und Standortbedingungen sind die Mineralstoffzunahmen mehr oder weniger hoch.

Vitamine

Die deutlichste und wichtigste Änderung an Inhaltsstoffen vollzieht sich bei den Vitaminen. Während des Keimens werden die verschiedensten Vitamine gebildet. Die beeindruckendste Zunahme vollzieht sich bei Vitamin C und E. Allerdings werden gleichzeitig auch Vitamine vom Keimling »verbraucht«. Der Vitamingehalt wird deshalb sehr stark durch den gewählten Erntezeitpunkt beeinflußt. Läßt man den Keimling zu groß werden, nimmt sein Gehalt an Vitaminen sehr deutlich ab.

Ballaststoffe

Der Ballaststoffgehalt liegt bei Keimlingen im Vergleich zu Gemüse deutlich höher. Keimlinge weisen ähnlich hohe Ballaststoffwerte wie Hülsenfrüchte auf.

Wasser

Der Wassergehalt des keimenden Samens steigt in den ersten Tagen von 10 auf 60—80 %.

Weitere Inhaltsstoffe

Die Vielzahl der verschiedensten Inhaltsstoffe wie Aromastoffe, Enzyme, Phytohormone, ätherische Öle tragen letztlich zum hohen gesundheitlichen Wert der Keimlinge bei.

Unerwünschte Stoffe

Keimlinge enthalten aber auch einige Stoffe, die von uns nicht erwünscht sind. Sie können jedoch bei richtigem Umgang reduziert werden. Auch werden sie während des Keimvorgangs teilweise abgebaut. Hierzu gehören u.a. Phytinsäure, Hämagglutinine, Enzyminhibitoren und Nitrat.

Phytinsäure bildet mit Eiweiß und Mineralstoffen schwerlösliche Verbindungen und beeinträchtigt dadurch die Verfügbarkeit dieser Nährstoffe. Im Samen sind neben der Phytinsäure Enzyme enthalten, die unter bestimmten Bedingungen, eben solchen, die während des Keimvorganges herrschen, in der Lage sind, diese schwerlösliche Verbindung zu »knacken« und dadurch in eine für den menschlichen Organismus ausnutzbare Form zu bringen.

Hämagglutinine kommen vor allem in Hülsenfrüchten vor. Während des Keimens verlieren sie mehr oder weniger stark an Aktivität. Durch Hitzeeinwirkung geht ihre Wirkung verloren. Wer gekeimte Hülsenfrüchte in größeren

Mengen roh verzehren möchte, sollte sie daher kurz erhitzen (blanchieren).

Die *Enzyminhibitoren,* die vorwiegend in Hülsenfrüchten und Getreide enthalten sind, hemmen eiweißspaltende Enzyme. Während der Keimung werden sie jedoch in ihrer Aktivität vermindert und durch Hitzeeinwirkung zerstört. Außerdem können sie während des täglichen Spülens der Keimlinge herausgewaschen werden.

Saponine, die z. B. in Sojabohnen und Alfalfa enthalten sind, werden ebenfalls zum größten Teil durch Erhitzen (Blanchieren) zerstört.

Der starke Anstieg des *Nitrat*gehaltes in unseren Nahrungsmitteln und im Trinkwasser ist auf die Stickstoffüberdüngung unserer Böden zurückzuführen. Hieraus resultiert für uns ein nicht zu unterschätzendes gesundheitliches Risiko. Auch Keimlinge enthalten Nitrat — jedoch im Vergleich zu anderen Gemüsesorten, insbesondere zu Treibhausgemüse, verhältnismäßig wenig. Außerdem sinkt der Nitratgehalt während des Keimens. Der hohe Gehalt an Vitamin C mindert das gesundheitliche Risiko. Man kann den Nitratgehalt durch die Wahl des Keimgerätes selbst steuern: Wird der Keimling während seiner Entwicklung mit genügend Licht versorgt, sinkt der Nitratgehalt, wächst er im Dunkeln heran, steigt sein Nitratgehalt.

Keimgeräte erleichtern die Anzucht bei optimalem Lichteinfall. Rechts im Bild:
»Biosnacky«, daneben »Keimli« vom selben Hersteller. ▷

KEIMGERÄTE UND IHRE PFLEGE

Eine wichtige Anforderung an jedes Keimgerät ist seine Lichtdurchlässigkeit. Nur ein gleichmäßiger Lichteinfall gewährleistet das optimale Wachstum der Keimlinge. Empfehlenswert sind z. B. Einmachgläser, Schalen und Schüsseln aus Glas oder umweltfreundlichem Kunststoff. Bedingt eignet sich auch Tongeschirr. Das poröse Material nimmt allerdings Stoffwechselprodukte der Keimlinge auf und läßt sich nicht so gut reinigen. Der Ton ermöglicht das Verdunsten von Wasser. Dadurch tritt ein Kühleffekt auf, der den Keimvorgang verlangsamt. Außerdem muß man bei Ton beachten, daß das Material keine schädlichen Stoffe enthalten darf, die sich lösen und in das Keimgut übergehen könnten. Wer Freude an der Anzucht von Keimlingen hat, für den empfiehlt sich auf jeden Fall die Anschaffung eines speziellen Keimgerätes (erhältlich in Reformhäusern und -abteilungen sowie in Naturkostläden). Vorteilhaft sind Geräte, die ein geschlossenes System darstellen. In ihnen kann sich ein »Treibhausklima« entwickeln, das ein rasches Wachstum des Keimlings fördert. Außerdem ist der tägliche Spülvorgang wesentlich vereinfacht, die Samen werden gleichmäßig gewässert und feucht gehalten.

Keimgeräte und Zubehör müssen stets sauber gehalten werden. Es empfiehlt sich, die Gerätschaften nach jeder Benutzung mit heißem Wasser auszuwaschen. Von Zeit zu Zeit sollten sie mit Essigwasser gespült werden. Dadurch werden Bakterien, Schimmelpilze und alles, was den Keimvorgang stören könnte, entfernt.

»Keimfrisch«-Gerät (Fink) mit drei Schalen zur gleichzeitigen Anzucht verschiedener Keimlinge. ▷

KEIMFRISCH
KEIM FRISCH
Mungbohne
N°2
Oel

VOM RICHTIGEN UMGANG MIT WERTVOLLEN KEIMLINGEN

- Keimlinge muß man zum richtigen Zeitpunkt ernten (siehe hierzu S. 30 ff.). Läßt man Keimlinge über diesen Zeitpunkt hinaus wachsen, nimmt ihr Gehalt an wertgebenden Inhaltsstoffen ab, da das wachsende Pflänzchen diese selbst für seine Weiterentwicklung benötigt.
- Keimlinge möglichst bald nach der Ernte verbrauchen.
- Keimlinge nach der Ernte dunkel und kühl aufbewahren. Am besten die Keimlinge locker in ein verschließbares Glas- oder Plastikgefäß legen und in den Kühlschrank stellen.
- Keimlinge vor dem Verzehr kurz unter fließendem Wasser spülen, keinesfalls im Wasser liegen lassen. Während des Spülens nicht aufgegangene Samen entfernen, da diese beim Draufbeißen unangenehm hart sind.
- Keimlinge möglichst roh verzehren. Wenn sie gegart werden, dies so kurz wie nötig (Hülsenfrüchte).
- Keimlinge in wenig Flüssigkeit garen. Wenn möglich die Garflüssigkeit weiterverwenden. Noch besser, die Keimlinge im Sieb über Dampf kurz garen.

ZUR AUSWAHL DER SAMEN

Zur Anzucht von Keimlingen sind nur dafür vorgesehene Samen zu verwenden. Sie sind im Normalfall in Reformhäusern, Bioläden oder gut geführten Fachabteilungen von Supermärkten erhältlich.

Marken-Samen wie »biosnacky« oder »Keimfrisch« bieten die Gewähr, daß die folgenden Anforderungen erfüllt sind, da die Samen aus kontrolliertem Anbau stammen.

Achten Sie darauf, daß die Samen

- eine hohe Keimfähigkeit besitzen,
  — jeder nicht keimfähige Samen beginnt im Keimgerät schon nach kurzer Zeit zu gären und zu schimmeln —,
- nicht behandelt wurden,
  — Samen für Freilandaussaat, einschließlich Getreide, sind gebeizt, Hülsenfrüchte zum Kochen mit Keimhemmstoffen behandelt —,
- nicht radioaktiv belastet sind —,
- aus organisch-biologischem oder biologisch-dynamischem Anbau stammen.

Spelzgetreide (Reis, Hafer, Gerste, Hirse, Dinkel) weist keine zuverlässige, hohe Keimfähigkeit auf. Vor dem Verzehr muß das Spelzgetreide von seiner harten Spelze befreit werden. Dabei wird häufig der Keim verletzt. Die Folge ist je nach Verletzungsgrad eine mehr oder weniger starke Beeinträchtigung der Keimfähigkeit.

Von Hafer und Gerste gibt es Spezialzüchtungen, die unter dem Namen »Sprießkorn« erhältlich sind. Sprießkorngetreide wird ohne Spelze gezüchtet und besitzt somit seine volle Keimfähigkeit.

Einfache Methode zur Anzucht von Keimlingen

1. Je nach Samengröße 1—2 Eßlöffel in eine kleine Schüssel geben, so viel lauwarmes Wasser darüber gießen, daß die Samen bedeckt sind. Das Gefäß zudecken und die Samen je nach Samenart (siehe hierzu S. 30 ff.) quellen lassen.

2. Nach der Quellzeit die Samen in ein Sieb geben und unter fließendem, lauwarmem Wasser gründlich spülen.

3. Die gequollenen Samen in einen Teller geben. Dabei ist darauf zu achten, daß die Samen nicht zu dicht liegen. Mit einer Klarsichtfolie oder Glasschale zudecken. Eine geringe Luftzirkulation soll jedoch möglich sein. Den Teller an einem hellen, warmen Ort stellen, jedoch vor direkter Sonnenbestrahlung schützen.

4. Die Samen werden wie unter 2. beschrieben, täglich je nach Samenart 1—2 mal gespült.

5. Die sich aus den Samen entwickelten Keimlinge können nach wenigen Tagen (siehe hierzu 30 ff.) geerntet werden.

Zur Anzucht von Keimlingen kann auch ein mit einer Kunststoffgaze abgedecktes, mit einem Gummiring verschlossenes Glas verwendet werden. In diesem Fall spart man sich das Umschütten auf ein Sieb, da die Samen im Glas gespült werden können, indem man Wasser in das Glas hineingießt, das Ganze mehrmals schüttelt und das Glas kopfüber aufstellt, bis das Wasser abgelaufen ist.
Bei dieser Methode besteht allerdings die Gefahr, daß die Keimlinge sich nicht gleichmäßig entwickeln, da der Lichteinfall unterschiedlich ist.

Meine Samen keimen nicht, wenn

es sich um eine schlechte Samenqualität handelt,

die Samen mit Keimhemmstoffen behandelt wurden,

die Samen noch ihre natürlichen Keimhemmstoffe enthalten,

die Samen zu alt sind,

die Samen falsch gelagert wurden,

die Umgebungstemperatur während des Keimens zu niedrig oder zu hoch ist,

die Samen zu dicht liegen,

die Samen zu feucht gehalten werden,

die Samen zu trocken gehalten werden,

das Wasser Stoffe enthält, die eine Keimung verhindern (z. B. Chlor),

die Samen nicht sorgfältig gespült wurden,

das Keimgerät mit Bakterien und Schimmelpilzen verunreinigt ist.

MEIN »FENSTERBANKGÄRTLEIN« VERSORGT MICH MIT . . .

Gemüse, das zu jeder Jahreszeit ohne großen Aufwand knackig frisch zur Verfügung steht,

Gemüse, das sofort nach der Ernte verzehrt werden kann (keine Transportwege, keine Lagerung) und ohne Umwege direkt auf den Tisch kommt,

Gemüse, das weitgehend schadstoffrei ist, vorausgesetzt, es wird Samen aus organisch-biologischem Anbau oder biologisch-dynamischem Anbau verwendet,

Gemüse, das ohne Nährsubstrate gezogen wird,

Gemüse, auf dessen Qualität der Verbraucher selbst Einfluß nehmen kann,

Gemüse, das einen hohen Gehalt an wertgebenden Nährstoffen enthält,

Gemüse, das kalorienarm ist,

Gemüse, das preisgünstig ist,

Gemüse, das sehr gut schmeckt.

GRÜNKRÄUTER

Grünkräuter, auch »12-Tage-Kräuter« genannt, entwickeln sich je nach Sorte innerhalb von 8 bis 12 Tagen. Während dieser Zeit bildet sich aus dem Keimling eine kleine Pflanze mit Wurzelwerk und grünen Blättchen.
Der Keimling bezieht seine Nährstoffe aus dem Samen. Das größer werdende Pflänzchen hingegen muß die für ein weiteres Wachstum notwendigen Nährstoffe aus der das Wurzelwerk umgebenden Erde beziehen und teilweise sogar selbst bilden. Mit Hilfe des Chlorophylls, auch Blattgrün genannt, das sich in den grünen Blättern der Pflanze befindet, ist sie in der Lage, aus Wasser und dem Kohlendioxyd der Luft unter Ausnutzung der Lichtenergie Kohlenhydrate zu bilden. Bei diesem Vorgang vollzieht sich die Umwandlung von Lichtenergie in chemische Energie.
Eben dieses Chlorophyll, mit dessen Hilfe die Pflanze aus anorganischen, energiearmen Stoffen, organische, energiereiche Stoffe (Kohlenhydrate) herstellen kann, schätzen wir bei den Grünkräutern besonders. Stehen auch die Forschungen über seine Wirkungen im menschlichen Organismus noch am Anfang, kann man davon ausgehen, daß das Chlorophyll positiven Einfluß nimmt auf die Blutneubildung und »Blutreinigung«, Stoffwechselaktivität, Sauerstoffaufnahme und Bildung von Abwehrkräften.
Neben dem Chlorophyll besitzen die Grünkräuter je nach Sorte noch weitere, äußerst wirksame Inhaltsstoffe wie ätherische Öle, Schleim-, Gerb- und Bitterstoffe, die aktivierende Wirkungen auf Verdauungsorgane und Stoffwechsel haben.

Anzucht

Die Samen werden in feuchte Erde gelegt. Bei regelmäßiger Feuchtigkeitszufuhr, ausreichendem Licht und genügender Luftzirkulation entwickelt sich daraus in wenigen Tagen Grünkraut. Wichtig ist die Vermeidung von Staunässe, da es sonst leicht zu Schimmelbildung kommt.

Selbstverständlich gelingt die Anzucht auch auf feuchter Watte, Vlies o. ä.

Sehr zuverlässig gelingt die Anzucht von Grünkräutern in einem speziell dafür entwickeltem Gerät, das unter dem Namen »Hydro 12« im Handel ist (Abbildung nebenstehend). Aber auch in Keimgeräten, die genügend Raum zum Wachstum der Grünkräuter bieten und über einen Siebeinsatz verfügen (z. B. »Keimli«), gelingt die Anzucht problemlos.

Die ideale Wachstumstemperatur der Grünkräuter liegt zwischen 18 °C und 24 °C.

Ernte

Nach 8 bis 12 Tagen wird geerntet. Läßt man die Grünkräuter länger wachsen, verlieren sie an Geschmack und Zartheit.

Man zieht die Grünkräuter vorsichtig aus der Erde heraus bzw. man löst sie von ihrer Unterlage. Sie werden nach kurzem Waschen unter fließendem Wasser mit Blatt- und Wurzelwerk verzehrt.

Wem die Wurzeln zu hart sind, der erntet die Grünkräuter, indem er sie dicht über der Erde bzw. der Unterlage oder dem Sieb abtrennt.

Verwendung

Grünkräuter werden kleingeschnitten und finden in dieser Form Verwendung zu Müsli, Suppen, Saucen, Füllungen, Brotbelägen und Gemüse. Sie können auch mit Hilfe einer Saftpresse ausgepreßt und somit in flüssiger Form als »Gesundheitstrunk« verzehrt werden.

STECKBRIEFE GEEIGNETER SAMEN

Adzukibohne

Alfalfa

Bockshornklee

ADZUKIBOHNE

Keimlinge der Adzukibohnen überraschen mit einem nußartigen Geschmack und eignen sich besonders für Aufläufe, Suppen, Füllungen und Salate oder als Beilage. Ihr Geschmack entfaltet sich vorteilhaft, wenn sie kurz vor dem Verzehr erhitzt werden.

ALFALFA (LUZERNE)

Alfalfakeimlinge zeichnen sich durch hohe Vitamingehalte, insbesondere Vitamin C aus.
Ihr Geschmack ist mild/herb. Sie eigenen sich aufgrund ihres intensiven Eigengeschmackes als Gewürz für Salate, Suppen, Soßen und als Brotbelag.

BOCKSHORNKLEE

Bockshornklee ist ein Bestandteil von Curry. Seine Keimlinge haben einen intensiven herb/würzigen Eigengeschmack. Bockshornklee hat eine harn- und blähungstreibende Wirkung.
Mit zunehmender Keimdauer wird der Geschmack intensiver und schließlich bitter.
Bockshornkleekeimlinge eignen sich für Getreide- und Kartoffelgerichte, Füllungen, Aufläufe und pikante Quarkspeisen.

ERBSE

Erbsenkeimlinge schmecken ähnlich wie frische, soeben aus der Hülse gelöste Erbsen.
Sie können wie diese als Beilage, zu Aufläufen, Suppen, Füllungen und Salaten verwendet werden.

GERSTE

Gerste ist ein Spelzgetreide, darum sollte zur Aufzucht von Gerstenkeimlingen stets nur Sprießkorngerste Verwendung finden. Hierbei handelt es sich um eine Spezialzucht, die ohne Spelze heranwächst und deshalb nicht geschält, d.h. von der

Buchweizen

Kichererbse

Kresse

Spelze befreit werden muß. Bei diesem Vorgang, wird nämlich teilweise der Keim verletzt, was eine Verminderung der Keimfähigkeit zur Folge hat. Gerste ist empfindlich gegenüber Feuchtigkeit und beginnt rasch zu schimmeln, wenn sie zu feucht gehalten wird.
Gerstenkeimlinge zeichnen sich durch ihren süßen Geschmack aus.
Sie eignen sich für Aufläufe, Suppen, Füllungen, Salate, Müsli und Süßspeisen.

HAFER

Hafer gehört zu den Spelzgetreiden. Zur Anzucht von Keimlingen ist Sprießkornhafer zu bevorzugen, da zum einen bei der Entfernung der Spelze des Spelzhafers der Keim teilweise verletzt und dadurch die Keimfähigkeit beeinträchtigt werden kann und zum anderen Hafer vor dem Schälprozeß zunächst eingeweicht und einer Hitzebehandlung unterzogen wird, damit sich die Spelze leichter lösen läßt. Durch diese Hitzebehandlung geht die Keimfähigkeit verloren.
Hafer ist gegen Feuchtigkeit äußerst empfindlich und beginnt leicht zu schimmeln.
Haferkeimlinge haben ein angenehm süßes Aroma und sind in ihrer Konsistenz sehr weich. Sie sind wie alle Getreidekeimlinge zu verwenden.

HIRSE

Hirse ist ein Spelzgetreide. Im Handel gibt es keine Hirse, die ohne Spelze wächst. Man hat nur die Wahl zwischen ungeschälter und geschälter Hirse. Bei der ungeschälten Hirse machen sich die anhaftenden Spelzen störend bemerkbar. Diese müssen vor dem Verzehr aus dem Keimgut herausgelesen werden. Die geschälte Hirse ist nur bedingt keimfähig.
Der süßliche Geschmack gibt Müslis, Backwerk und süßen Füllungen eine angenehme Note.

Leinsamen

Mungobohne

Mischung aus Linsen, Rettich, Mungobohne

Kichererbse

Kichererbsen erinnern geschmacklich an die Erbse und lassen sich wie diese verarbeiten.
Läßt man Kichererbsen zu lange keimen, werden sie bitter.

Kresse

Am bekanntesten ist sicherlich die Kresse.
Sobald die Samen mit Wasser in Berührung kommen, sondern sie Schleimstoffe ab.
Ihrem hohen Gehalt an Senföl verdankt die Kresse ihre wassertreibende und keimtötende Wirkung.
Aufgrund ihres starken Eigenaromas findet Kresse anstelle von Gewürzen in Suppen, als Brotbelag und in Salaten Verwendung.

Leinsamen

Leinsamen enthält etwa 40 % Öl, das sich durch einen hohen Gehalt an ungesättigten Fettsäuren und Vitamin E auszeichnet (Leinöl!).
Kommt Leinsamen mit Wasser in Berührung, sondert er sogleich Schleimstoffe ab. Eben diese Schleimstoffe haben eine schützende Wirkung auf die Schleimhäute des Magens und des Darmes und wirken verdauungsfördernd. Da während des Keimens ein Großteil dieser Schleimstoffe abgesondert werden, sind die o. g. Wirkungen des Leinsamen im gekeimtem Zustand kaum noch vorhanden.
Das hochwertige Öl und die Vitamine bleiben erhalten.
Leinsamenkeimlinge haben einen nußartigen Geschmack, was sie besonders als Zugabe für Müsli, Süßspeisen und Gebäck, aber auch für Salate geeignet macht.

Linse

Linsenkeimlinge schmecken ähnlich wie Linsen. Sie zeichnen sich durch ein zurückhaltendes, angenehmes Aroma aus und sind vielseitig einsetzbar zu Aufläufen, Suppen, Füllungen, Salaten,

Mungobohne

Rettich

Senf

Beilagen, Kartoffel- und Getreidegerichten. Linsen gehören zu den Hülsenfrüchten und sollten vor dem Verzehr kurz erhitzt werden.
Läßt man Linsen zu lange keimen, wird ihr Geschmack herb.

MUNGOBOHNE

Die Mungobohne wird fälschlicherweise oftmals als Sojabohne bezeichnet. Sie gehört zwar zur selben Familie wie die Sojabohne, jedoch zu einer anderen Gattung. Die Mungobohne unterscheidet sich von der Sojabohne durch ihre Größe und Inhaltsstoffe. Sie ist deutlich kleiner, hat einen geringeren Fett-, Mineralstoff- und Vitamingehalt. Geschmacklich ist die Mungobohne der Sojabohne überlegen. Mungobohnenkeimlinge schmecken süßlich, verlieren bei Überkeimung und Lagerung nach der Ernte an Geschmack, dabei verfärben sie sich lila bis rosa.
Verwendung finden sie wie Adzuki- und gelbe Sojabohnen.

REIS

Reis ist wie Hafer, Gerste und Hirse ein Spelzgetreide. Der im Handel erhältliche Natur- oder Braunreis ist von der harten Spelze befreit. Hier trifft das bereits bei den übrigen Spelzgetreiden Erwähnte zu. Wer die Anzucht von Reiskeimlingen versuchen möchte, muß auf den Naturreis zurückgreifen, sollte jedoch beachten, daß dieser nicht die volle Keimfähigkeit besitzt.
Reiskeimlinge können wie alle Getreidekeimlinge auf vielfältige Weise eingesetzt werden.

RETTICH

Der scharf/würzige Geschmack der Rettichkeimlinge wird durch ihren hohen Gehalt an ätherischen Ölen verursacht. Die ätherischen Öle wirken keimtötend, blähungs- und harntreibend, sie unterstützen die Lebertätigkeit.

Sojabohne

Weizen

Rettichkeimlinge finden wie Alfalfa- und Senfkeimlinge Verwendung. Sie geben Speisen mit geringem Eigenaroma »Pfiff«.

ROGGEN

Roggenkeimlinge schmekken nur leicht süßlich und haben einen herben Beigeschmack. Verwendung finden sie wie alle übrigen Getreidekeimlinge.

SENF

Der hohe Gehalt an ätherischen Ölen verleiht den Senfkeimlingen ihren scharfen, würzigen Geschmack. Die enthaltenen Öle wirken keimtötend, entwässernd und durchblutungsfördernd. Senfkeimlinge sind als Gewürz zu sehen und wie Alfalfa, Kresse und Rettich einzusetzen.

SESAM

Sesam enthält etwa 60 % Öl, das sich durch einen hohen Anteil an ungesättigten Fettsäuren und fettlöslichen Vitaminen, vor allem Vitamin E, auszeichnet. Darüber hinaus liefert Sesam hohe Mengen an Kalzium. Sesamkeimlinge haben einen angenehmen, nußartigen Geschmack. Läßt man Sesam zu lange keimen, werden die Keimlinge bitter.

Zum Keimen eignet sich nur ungeschälter Sesam, da beim Schälprozeß der Keim verletzt werden kann und somit die Keimfähigkeit beeinträchtigt wird.
Sesamkeimlinge ergänzen Müsli, Süßspeisen und Gebäck.

SOJABOHNE (Gelbe Sojabohne)

Gelbe Sojabohnenkeimlinge schmecken erbsenartig und bieten ein breites Einsatzgebiet, ebenso wie die Rote und Grüne Sojabohne. Vor dem Verzehr sind die Keimlinge zu erhitzen.

WEIZEN

Bei der Anzucht von Weizen ist darauf zu achten, daß er nicht zu feucht gehalten wird, da er gerne zu Schimmelbildung neigt.
Weizenkeimlinge schmecken leicht süßlich und sind vielfältig, wie alle Getreidekeimlinge, einzusetzen.

Avocadoschiffchen, Seite 45 ▷

KEIM-TABELLE

Hülsenfrüchte	Geschmack	Verwendung	Einweich-zeit (h)
Adzukibohne	nußartig	Aufläufe, Suppen, Füllungen, Salate, Beilage	12
Erbse	erbsenartig	Aufläufe, Suppen, Füllungen, Salate, Beilage	12
Kichererbse	erbsenartig	Aufläufe, Suppen, Füllungen, Salate, Beilage	12
Linse	linsenartig	Aufläufe, Suppen, Füllungen, Salate, Beilage, Kartoffel- u. Getreidegerichte	12
Mungobohne	süßlich	Aufläufe, Suppen, Füllungen, Salate, Beilage	12
Sojabohne (Gelbe Sojabohne)	erbsenartig	Aufläufe, Suppen, Füllungen, Salate, Beilage	12
Getreide			
Gerste	süßlich	Aufläufe, Suppen, Füllungen, Salate, Kartoffelgerichte, Müsli, Süßspeisen	12
Hafer	süßlich	Aufläufe, Suppen, Füllungen, Salate, Kartoffelgerichte, Müsli, Süßspeisen	4

Temperatur °C	tägl. Spülvorgang	Keimdauer (Tage)	Länge des Keimlings bei der Ernte
21	2	4—5	1—2 cm
21	2	3	3—5 mm
18—21	2	3	3—5 mm
18—21	2	2—3	2 cm
21	2	3	1—2 cm
18—21	2—3	3	1 cm
21	2	2—3	so lang wie Korn Ⓐ
21	2	2—3	so lang wie Korn Ⓐ

ANMERKUNGEN:

Gerste: Sprießkorngerste verwenden

Hafer: Sprießkornhafer verwenden

Ⓐ bildet Faserwürzelchen, nicht mit Schimmel zu verwechseln

KEIM-TABELLE

(Fortsetzung)

Getreide	Geschmack	Verwendung	Einweichzeit (h)
Roggen	süßlich/herb	Aufläufe, Suppen, Füllungen, Salate, Kartoffelgerichte, Müsli, Süßspeisen	12
Weizen	süßlich	Aufläufe, Suppen, Füllungen, Salate, Kartoffelgerichte, Müsli, Süßspeisen	12
Sonstige			
Alfalfa (Luzerne)	mild/herb	Eigengeschmack, daher ergänzend oder anstelle von Gewürzen in Suppen, Soßen, Salaten, als Brotbelag	4
Bockshornklee	herb/würzig	Salate, Getreidegerichte, pikante Quarkspeisen	5
Kresse	scharf/würzig	wie Alfalfa	—
Leinsamen	nußartig	Müsli, Süßspeisen, Gebäck, Salate	—
Rettich	scharf/würzig	wie Alfalfa	4
Senf	scharf/würzig	wie Alfalfa	6
Sesam	wie Sesam	Müsli, Süßspeisen, Gebäck	4

Temperatur °C	tägl. Spülvorgang	Keimdauer (Tage)	Länge des Keimlings bei der Ernte
18	2	2—3	so lang wie Korn Ⓐ
21	2	2—3	so lang wie Korn Ⓐ
21	1	3—4	3 cm
21	1	2	so lang wie Samen
21	1	2—6	3—4 mm bis 3—4 cm ⒶⒷ
21	1	2	so lang wie Samen Ⓐ
21	1	1—2	bis 5 mm Ⓐ
21	1	2	bis 5 mm ⒶⒷ
21	1	2	so lang wie Samen

ANMERKUNGEN:

Bockshornklee: wird bei Überkeimung bitter

Kichererbse: wird bei Überkeimung bitter

Sesam: nur ungeschälten Sesam verwenden, wird bei Überkeimung bitter

Ⓐ bildet Faserwürzelchen, nicht mit Schimmel zu verwechseln

Ⓑ gibt Schleimstoffe ab

REZEPTE

Müslis

Müsli mit Keimlingen

(für 1 Person)

Zutaten:
1 Eßl. Weizenschrot
2 Eßl. Wasser
2 Eßl. Weizenkeimlinge
1 Apfel oder Obst nach Jahreszeit
1 Banane
3 Eßl. Dickmilch, Vollmilch oder Sahne
1 Eßl. Nüsse, gehackt
Gewürze: Zimt, Vanille
Ahornsirup oder Honig

Zubereitung:
Weizenschrot mit Wasser verrühren, zudecken und über Nacht stehen lassen. Weizenkeimlinge, kleingeschnittenen Apfel oder zerkleinertes Obst nach Jahreszeit, die mit einer Gabel schaumig geschlagene Banane, Dickmilch, Vollmilch oder Sahne und Nüsse miteinander vermengen, Müsli mit den Gewürzen abschmecken und nach Bedarf süßen.

Müsli mit Keimlingen und Obst
◁

Leinsamenmüsli

(für 1 Person)

Zutaten:
1 Aprikose, ungeschwefelt
1 Apfel
1/2 Banane
1 Eßl. Leinsamen, ganz
2 Eßl. Leinsamenkeimlinge
150 g Joghurt oder Dickmilch
Gewürze: Zimt, Vanille
Ahornsirup oder Honig

Zubereitung:
Aprikose über Nacht in Wasser einweichen. Am anderen Morgen in kleine Stücke schneiden, mit kleingeschnittenem Apfel, geschlagener Banane, Leinsamen und Keimlingen unter das Joghurt bzw. die Dickmilch rühren, mit den Gewürzen abschmecken, nach Bedarf mit Ahornsirup oder Honig süßen.

Anmerkung:
Ein Leinsamenmüsli bekommt auch einem »nervösen« und empfindlichen Magen.

Flockenmüsli

(für 1 Person)

Zutaten:
2 Eßl. Haferflocken, grobkernig
100 g Joghurt oder Dickmilch
1/2 Kiwi
1/2 Banane
1/2 Apfel
1 Teel. Zitronensaft
2 Eßl. Haferkeimlinge
Honig oder Ahornsirup

Zubereitung:
Haferflocken mit Joghurt bzw. Dickmilch verrühren. Obst schälen, in Scheiben schneiden, mit Zitronensaft beträufeln. Alle Zutaten miteinander vermengen, das Müsli nach Bedarf süßen.

Anmerkung:
Für die obigen Müslis können je nach Vorliebe auch andere Getreidearten verwendet werden. Bei Hafer ist jedoch zu beachten, daß Haferschrot nicht über Nacht eingeweicht werden sollte.

ROHKOST / SALATE

KOHLRABI-SALAT MIT ÄPFELN

Zutaten:
2 Kohlrabiknollen
2 Äpfel
4 Eßl. Leinsamenkeimlinge
4 Eßl. Rettichkeimlinge

Salatsoße:
2 Eßl. Mandelmus
4 Eßl. Joghurt oder Dickmilch
2 Eßl. Sonnenblumenöl, kaltgepreßt
2 Eßl. Zitronensaft

Zubereitung:
Kohlrabi schälen, mit den Äpfeln mittelfein reiben, die Keimlinge untermengen. Mandelmus mit Joghurt oder Dickmilch glattrühren, Sonnenblumenöl und Zitronensaft zugeben. Salat mit der Soße vermengen, zugedeckt kurze Zeit ziehen lassen.

SAUERKRAUT-SALAT

Zutaten:
500 g Sauerkraut
2 Äpfel
1 Orange
2 Bananen
1 Handvoll Weizenkeimlinge
1/8 l süße Sahne
einige Walnüsse

Zubereitung:
Sauerkraut etwas kleinschneiden. Äpfel und Orange in kleine Würfel schneiden, Bananen der Länge nach halbieren und in dünne Scheiben schneiden. Alles miteinander vermengen, die süße Sahne darübergießen. Zugedeckt etwas ziehen lassen. Mit Walnüssen verziert servieren.

FELDSALAT MIT KEIMLINGEN

Zutaten:
200 g Feldsalat
1 Bund Radieschen
2 Eßl. Senfkeimlinge
2 Eßl. Alfalfakeimlinge

Salatsoße:
2 Eßl. Zitronensaft
3 Eßl. Lein- oder Sonnenblumenöl, kaltgepreßt
Gewürze: Vollmeersalz, Pfeffer, Knoblauchpulver

Zubereitung:
Geputzten Feldsalat und in Scheiben geschnittene Radieschen mit den Keimlingen mischen. Aus den angegebenen Zutaten eine Salatsoße rühren und über den Salat gießen.

Feldsalat mit Keimlingen ▷

Radieschensalat mit Kressekränzchen

Zutaten:
3 Bund Radieschen
100 g Feldsalat
2 Eßl. Sonnenblumenkerne
Kresse

Salatsoße:
3 Eßl. Sonnenblumen- oder Leinöl, kaltgepreßt

Gewürze:
Kerbel, Majoran, Dill, Kräutersalz

Zubereitung:
Radieschen in Scheiben schneiden, Feldsalatbündel halbieren oder auseinanderzupfen. Radieschenscheiben, Feldsalat und Sonnenblumenkerne miteinander vermengen und auf einer flachen Schale oder Teller anrichten. Die Kresse gleichmäßig am Rand verteilen.
Aus den angegebenen Zutaten eine Salatsoße herstellen und über den Salat gießen.

Fröhliche Salat-Symphonie

Zutaten:
1 Eisbergsalat
1 Orange
1 Kiwi
1 kleine Zwiebel
Alfalfakeimlinge

Salatsoße:
3 Eßl. Sonnenblumenöl, kaltgepreßt
2 Eßl. Orangensaft
Gewürze: Vollmeersalz, Pfeffer

Zubereitung:
Eisbergsalat in mundgerechte Stücke teilen. Die Orange in Schnitze, dann in Stückchen von 2—3 cm Länge schneiden. Die Kiwi in Scheiben und die Zwiebel in dünne Ringe schneiden.
Alle Zutaten miteinander mischen.
Aus den angegebenen Zutaten eine Salatsoße herstellen und über den Salat gießen.

Anmerkung:
Den beim Zerteilen der Orange abfließenden Saft für die Salatsoße verwenden.

Gelb-grüner Endiviensalat

Zutaten:
1 Endiviensalat
1 Orange
Kressekeimlinge nach Geschmack

Salatsoße:
4 Eßl. Leinöl, kaltgepreßt
4 Eßl. Orangensaft
Gewürze: Kräutersalz, Pfeffer

Zubereitung:
Den Endiviensalat der Länge nach halbieren, den bitteren Kern entfernen und die Blätter in Streifen schneiden. Die Orange in Schnitze, dann in Scheiben teilen. Soßenzutaten miteinander mischen, über den Salat gießen. Kresse nach Geschmack untermengen.

CHINAKOHL – KNACKIG FRISCH UND BUNT

Zutaten:
1 Chinakohl
1/2 Stange Lauch
1 Paprikaschote, rot
3 Eßl. Alfalfakeimlinge

Salatsoße:
250 g Dickmilch
2 Eßl. Leinöl, kaltgepreßt
1 Knoblauchzehe, fein zerdrückt
Gewürze: Vollmeersalz, Pfeffer

Zubereitung:
Chinakohl halbieren, harten Strunk herausschneiden.
Chinakohl in Streifen, Lauch in Ringe schneiden. Paprika entkernen und in dünne Streifen schneiden. Alfalfakeimlinge unter den Salat mengen.
Aus den angegebenen Zutaten eine Salatsoße herstellen. Den Salat damit anmachen, vor dem Servieren 15 Minuten durchziehen lassen.

Anmerkung:
Dieser Salat läßt sich auf interessante Art variieren, indem man 150 g eingelegten Schafskäse (siehe »eingelegter Schafskäse«, S. 77) in Würfel schneidet und mit den ebenfalls eingelegten Rettich- und Senfkeimlingen unter den Salat mengt. Anstelle von Leinöl kann das Olivenöl, das zum Einlegen des Schafskäses und der Keimlinge verwendet wurde, genommen werden.

CHICORÉE – BANANEN – ORANGENSALAT

Zutaten:
3 Chicoréestangen
1 Orange
2 Bananen
1 Tasse Leinsamenkeimlinge

Salatsoße:
2 Eßl. Pflanzenöl, kaltgepreßt
2 Eßl. Zitronensaft
2 Eßl. süße Sahne
Gewürze: Vollmeersalz, Pfeffer, Paprika

Zubereitung:
Chicoréestangen halbieren, den Strunk entfernen. Chicorée, Orangenschnitze und Bananen in Scheiben schneiden und mit den Leinsamenkeimlingen vermengen.
Aus den angegebenen Zutaten eine Salatsoße herstellen und über den Salat gießen.

Anmerkung:
Da Chicorée und Bananen sehr rasch braun werden, sollte dieser Salat erst unmittelbar vor dem Servieren zubereitet werden.

Keimlinge mit frischer Ananas

Zutaten:
1 Ananas
1 Eßl. Butter
1 Tasse Linsenkeimlinge
2 Tomaten
2 Eßl. Senfkeimlinge
1 Eßl. Bockshornklee-keimlinge
Gewürze: Curry, Koriander, Pfeffer, Vollmeersalz

Salatsoße:
4 Eßl. Sonnenblumenöl, kaltgepreßt
1 Knoblauchzehe, fein zerdrückt
Gewürze: Vollmeersalz, Pfeffer

Zubereitung:
Die Ananas der Länge nach halbieren und das Fruchtfleisch herauslösen. Das harte Kernstück entfernen und das Fruchtfleisch in kleine Würfel schneiden. Die leere Ananas umdrehen, damit der Ananassaft abfließen kann. Den Saft auffangen. Die Butter in einem Topf zerlassen, die Linsenkeimlinge hineingeben und unter Rühren etwa 10 Minuten dünsten, gegebenenfalls wenig Wasser zugeben. Die Tomaten in mundgerechte Stücke teilen, mit den Senf- und Bockshornkleekeimlingen, den abgekühlten Linsenkeimlingen und den Ananaswürfelchen mischen, würzen.
Sonnenblumenöl mit Ananassaft und Knoblauch verrühren, mit den Gewürzen abschmecken.
Den Salat damit anmachen und in die Ananashälften füllen.

Keimlinge mit frischer Ananas ▷

Lauwarmer Broccoli-Salat mit Sesam

Zutaten:
500 g Broccoli
3 Eßl. Walnußkerne, grobgehackt
4 Eßl. Sesamkeimlinge

Zubereitung:
Broccoli in Röschen teilen, den harten Strunk entfernen und Broccoli in kochendem Salzwasser oder Gemüsebrühe 3 Min. garen. Danach gut abtropfen lassen und noch lauwarm mit den Walnußkernen und den Sesamkeimlingen vermengen.

Anmerkung:
Mit zerlassener Butter übergossen, eine feine Gemüsebeilage.

Griechischer Salat

Zutaten:
1 Kopfsalat
1/2 Salatgurke
1/2 rote Paprika
1/2 grüne Paprika
1/2 Zwiebel
1 Tomate
100—150 g Schafskäse
Alfalfakeimlinge
4 schwarze Oliven

Salatsoße:
3 Eßl. Olivenöl, kaltgepreßt
1 Eßl. Zitronensaft
1 Knoblauchzehe, fein zerdrückt
Gewürze: Kräutersalz, Pfeffer, Oregano, Majoran, Estragon

Zubereitung:
Kopfsalat in mundgerechte Stücke teilen, Salatgurke in dünne Scheiben schneiden. Entkernte Paprikaschoten in Streifen, die Zwiebel in Ringe schneiden. Die Tomate achteln und den Schafskäse in kleine Würfel schneiden. Die Alfalfakeimlinge auseinander zupfen und alles untereinander mengen. Die Oliven halbieren und den Salat damit garnieren. Aus den angegebenen Zutaten eine Salatsoße herstellen und über den Salat gießen.

Anmerkung:
Besonders gut schmeckt dieser Salat, wenn der eingelegte Schafskäse aus Rezept S. 77 verwendet wird.

Avocado-Schiffchen

Zutaten:
2 Avocados
Linsenkeimlinge
Mungobohnenkeimlinge
Bohnensprossen
Alfalfagrünkraut
Butter

Salatsoße:
6 Eßl. Olivenöl, kaltgepreßt
1 Eßl. feingeschnittener, frischer Schnittlauch
1 Eßl. feingehackte Petersilie
1/2 feingewiegte Knoblauchzehe
1/4 Teel. zerstoßener Oregano
1/4 Teel. zerstoßener Estragon
Gewürze: Vollmeersalz, Pfeffer

Zubereitung:
Die Avocados halbieren, den Stein entfernen und das Fruchtfleisch mit einem Löffel herauslösen (kann für Avocadosuppe S. 50 verwendet werden).
Linsen-, Mungobohnenkeimlinge und Bohnensprossen werden kurz in heißer Butter gedünstet und nach dem Abkühlen zusammen mit dem Alfalfagrünkraut in die ausgehöhlte Avocado gegeben.
Die Zutaten für die Salatsoße miteinander verrühren, abschmecken und separat zu den Avocadoschiffchen servieren.

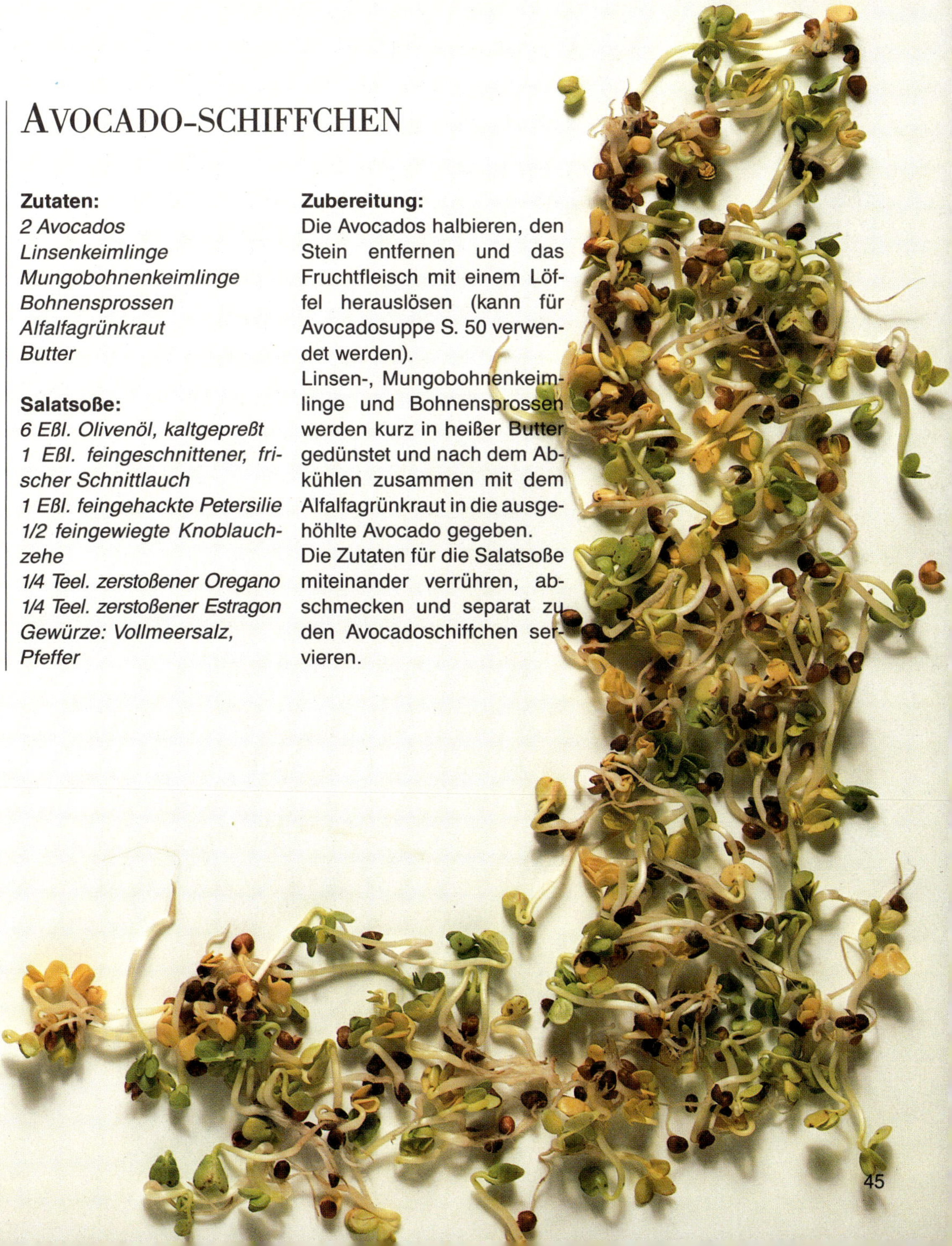

Nudelsalat

Zutaten:
150—200 g Vollkornnudeln, gekocht
1/4 Stange Lauch
100 g grüne Erbsen, gegart
2 Essiggurken
1 Paprika rot
1 Zwiebel
100 g Gouda- oder Edamerkäser
6 gehäufte Eßl. Gerstenkeimlinge
4 Eßl. Rettichkeimlinge

Salatsoße:
4 Eßl. Sonnenblumenöl, kaltgepreßt
2 Eßl. Obstessig
1/2 Knoblauchzehe, fein zerdrückt
Gewürze: Kräutersalz, Pfeffer, Curry

Zubereitung:
Vollkornnudeln, den in Ringe geschnittenen Lauch, Erbsen, in Scheiben geschnittene Essiggurken, in Streifen geschnittene Paprika, in Ringe geschnittene Zwiebel, in Würfel geschnittenen Käse und die Keimlinge miteinander mischen.
Aus den angegebenen Zutaten eine Salatsoße herstellen, den Nudelsalat damit anmachen. Zugedeckt ca. 1/2 Stunde stehen lassen.

Tomatenüberraschung

Zutaten:
4 Tomaten
100 g Quark
4 Eßl. Milch
1/4 Zwiebel
2 Eßl. Rettichkeimlinge
2 Eßl. Senfkeimlinge
Gewürze: Knoblauchpulver, Pfeffer, Paprika, Kräutersalz

Zubereitung:
Von den Tomaten einen Deckel abschneiden und die Früchte mit Hilfe eines Teelöffels aushöhlen.
Quark mit Milch glattrühren, die kleingeschnittene Zwiebel und die Keimlinge unterrühren, mit den Gewürzen abschmecken. Quarkmasse in die ausgehöhlten Tomaten füllen, Deckel wieder aufsetzen.

Anmerkung:
Die Tomatenüberraschung gibt jedem kalten Büfett einen lustigen »Farbklecks«, sie paßt aber auch zu einem kleinen Imbiß oder als Beilage zu Kartoffelgerichten.

SUPPEN

KRÄUTER-STRÄUSSCHEN

Dieses Päckchen gibt Gemüsebrühen den letzten Pfiff. Ein Stück Lauch wird der Länge nach halbiert. Auf die Schnittfläche werden ein Lorbeerblatt, einige Petersilienstengel und je nach Geschmack 1–2 Thymian-, oder Estragon-, oder Rosmarin- oder Liebstöckelzweige mit einem Bindfaden festgebunden.

MÖHREN-CREMESUPPE MIT SONNEN-BLUMENGRÜN-KRAUT

Zutaten:
4—6 mittelgroße Möhren
1 Zwiebel
Butter
3/4 l Gemüsebrühe
1/4 l Milch
Sonnenblumengrünkraut

Gewürze: *Vollmeersalz, Pfeffer, Paprika, Knoblauchpulver*

Zubereitung:
Die gesäuberten Möhren und die Zwiebel in Würfel schneiden und in heißer Butter einige Minuten dünsten. Die Gemüsebrühe hinzufügen und das Gemüse darin leicht kochen, bis es gar ist. Die Milch zugeben und das Ganze im Mixer pürieren oder durch ein Sieb streichen. Die Suppe gegebenenfalls nochmals kurz erwärmen. Mit den Gewürzen abschmecken. Das Sonnenblumengrünkraut kleinschneiden und über die Suppe streuen.

KRÄUTER-SUPPE

Zutaten:
1 l Gemüsebrühe
4 Eßl. Hafermark oder feine Haferflocken
3 Eßl. Erbsenkeimlinge
3 Eßl. Linsenkeimlinge
2 Eßl. Senfkeimlinge
2 Eßl. Schnittlauch, feingehackt
1 Eßl. Dill, feingeschnitten
Gewürze: Vollmeersalz

Zubereitung:
Hafermark bzw. die feinen Haferflocken in die Gemüsebrühe einrühren, unter ständigem Rühren einmal aufkochen und einige Minuten bei geringer Wärmezufuhr quellen lassen. Danach die Erbsen- und Linsenkeimlinge zugeben und einige Minuten leicht köcheln lassen. Zuletzt die Senfkeimlinge und die gehackten Kräuter zugeben, die Suppe nach Belieben abschmecken.

SPINAT-SÜPPCHEN

Zutaten:
1 Zwiebel
1 Knoblauchzehe
1 Eßl. Butter
300 g frischer Blattspinat
1 l Gemüsebrühe
1/2 Bund Petersilie
4 Eßl. Sahne
Gewürze: Vollmeersalz, Muskatnuß, Pfeffer
4 Eßl. Rettichkeimlinge

Zubereitung:
Zwiebel und Knoblauchzehe fein hacken und in Butter glasig dünsten. Spinat zugeben und kurz zusammenfallen lassen. Mit 1/2 l Gemüsebrühe ablöschen und alles pürieren. Die übrige Gemüsebrühe erwärmen, pürierten Spinat, Petersilie und Sahne zugeben. Mit den Gewürzen abschmecken.
Suppe in Teller füllen und die Rettichkeimlinge darüberstreuen.

GURKENSUPPE

Zutaten:
1 Salatgurke
1 l Gemüsebrühe
3 Vollkorn-Toastscheiben
Butter
1/8 l süße Sahne
8 Eßl. Alfalfakeimlinge
Gewürze: Vollmeersalz, Estragon, Oregano, Pfeffer

Zubereitung:
Geschälte, in Würfel geschnittene Salatgurke in der Gemüsebrühe etwa 20 Min. weichkochen. Wenn die Gurke große Kerne hat, sollten diese vorher entfernt werden. Inzwischen die Brotscheiben würfeln, in heißer Butter goldgelb rösten. Die Suppe pürieren, mit Sahne und Gewürzen verfeinern.
Gurkensuppe in Teller geben, die gerösteten Brotwürfel und die Keimlinge darüberstreuen.

BLUMENKOHL-SUPPE

Zutaten:
1 Blumenkohl
4 Kartoffeln
Gewürze: Muskat, Vollmeersalz
4 Eßl. Alfalfa- oder Kressekeimlinge

Zubereitung:
Blumenkohl in Röschen teilen und in wenig Salzwasser weichkochen. Ein paar Blumenkohlröschen für die Garnitur beiseite legen. Den übrigen Blumenkohl mit den getrennt weichgekochten Kartoffeln im Mixer pürieren. Das Gemüsepüree mit dem Blumenkohlkochwasser auf 1 l auffüllen. Die Suppe kurz erwärmen, mit den Gewürzen abschmecken. Zuletzt die zurückbehaltenen Blumenkohlröschen sowie die Keimlinge in die heiße Suppe geben.

GEMÜSESUPPE MIT KLÖSSCHEN

Zutaten:

Klößchen:

4 Eßl. Weizenvollkornmehl (Type 1700) oder Weizengrieß
2 gestrichene Teel. Pflanzenmargarine oder Butter
1 Ei
Gewürze: Muskatnuß, Pfeffer, Vollmeersalz

Gemüsesuppe:

1 Zwiebel
1 Eßl. Butter
1 Stange Lauch
200 g Möhren
1/2 Blumenkohl
6 Eßl. Erbsenkeimlinge
4 Eßl. Roggenkeimlinge

Klößchen:

Weizenvollkornmehl bzw. den Weizengrieß, Pflanzenmargarine bzw. Butter, Ei und die Gewürze miteinander verrühren, bis ein glatter Teig entstanden ist. Diesen Teig etwa 30 Minuten stehen lassen. Danach mit Hilfe von zwei Teelöffeln Klößchen formen und in die heiße Gemüsesuppe (siehe unten) geben. 10 Min. zugedeckt ziehen (nicht kochen!) lassen.

Gemüsesuppe:

Die in Würfel geschnittene Zwiebel in Butter glasig dünsten. Lauch und Möhren in feine Scheiben schneiden, Blumenkohl in Röschen teilen. Das Gemüse zu den Zwiebeln geben und kurz mitdünsten, 1 l Wasser zufügen und alles 10 Min. köcheln lassen, mit den Gewürzen abschmecken. Klößchen in der Suppe garziehen lassen. Zuletzt die Keimlinge zugeben.

Kartoffel – Tomatensuppe

Zutaten:
500 g Kartoffeln, mehligkochend
1 Zwiebel
1 Teel. Butter
1 l Gemüsebrühe
4 Eßl. Bockshornklee-keimlinge
3 Eßl. Tomatenmark
3 Eßl. Sahne
Gewürze: Vollmeersalz, Paprika, Pfeffer, Majoran

Zubereitung:
Die gekochten, geschälten und in kleine Würfel geschnittenen Kartoffeln sowie die in wenig Butter weichgedünstete Zwiebel in 1 l Gemüsebrühe erhitzen. Die Hälfte davon pürieren und mit der zurückbehaltenen Menge verrühren.
Keimlinge, Tomatenmark und Sahne zugeben, die Suppe nochmals kurz erhitzen und mit den Gewürzen abschmecken.

Avocado-suppe

Zutaten:
3 reife Avocados
2 Eßl. Zitronensaft
ca. 3/4 l Vollmilch
6 Eßl. Kichererbsenkeimlinge
1 Eßl. Butter
Gewürze: Vollmeersalz, Pfeffer

Zubereitung:
Avocados halbieren, entkernen, das Fruchtfleisch aus den Schalen lösen, mit Zitronensaft beträufeln, anschließend pürieren. Das Avocadopüree mit erwärmter Milch auf 1 Liter auffüllen.
Die Kichererbsenkeimlinge in heißer Butter kurz erhitzen und in die Suppe geben. Mit den Gewürzen abschmekken.

Anmerkung:
Zur Abrundung kann die Suppe mit einem Sahnehäubchen garniert werden.

Kartoffel-Tomatensuppe und Avocadosuppe, Gebäck, Seite 74 als Beilage ▷

Warme Gerichte

Sprossentoast

(für 1 Person)

Zutaten:

1 Scheibe Vollkorntoast
Butter
2 Scheiben Butterkäse, Gouda o. ä.
2 Tomatenscheiben
Gewürze: Oregano, Estragon, Kräutersalz, Pfeffer, Knoblauchpulver
2 Eßl. Alfalfakeimlinge

Zubereitung:

Vollkorntoast kurz rösten, mit Butter bestreichen und mit einer Käsescheibe belegen. Darauf die beiden Tomatenscheiben geben, nach Geschmack würzen. Die Alfalfakeimlinge auseinander zupfen und auf den Tomatenscheiben verteilen, mit der zweiten Käsescheibe bedecken. Sprossentoast im vorgeheizten Grill oder Backofen solange überbacken, bis der Käse zu schmelzen beginnt.

Anmerkung:

Wenn Toastbrote als Hauptgericht gereicht werden, rechnet man pro Person 2—3 Scheiben.

Sandwiches, einmal anders

Zutaten:
16 Scheiben Weizenvollkornbrot (0,5 cm dick)
2—3 Äpfel, mittelgroß
2 Eßl. Rettichkeimlinge
2 Eßl. Senfkeimlinge
2 Eßl. Leinsamenkeimlinge
1/8 l Vollmilch
3 Eier
2 Knoblauchzehen
Gewürze: Vollmeersalz
Sonnenblumenöl, kaltgepreßt

Zubereitung:
Die Äpfel waschen und fein raspeln, die Keimlinge untermengen, nach Bedarf würzen. Die Masse gleichmäßig auf 8 Brotscheiben verteilen und mit den übrigen Broten bedecken. Die Sandwiches fest aufeinanderpressen. Milch mit Eiern verquirlen, die durchgepreßten Knoblauchzehen zugeben, abschmecken, über die Brote gießen und diese 1/2 Stunde durchziehen lassen.
Sonnenblumenöl in einer Pfanne erhitzen und darin die Brotscheiben beidseitig goldgelb braten. Die Sandwiches vorsichtig wenden, damit sie nicht auseinanderfallen.

◀ **Anmerkung:**
Anstelle der Äpfel können auch geraspelte Möhren oder geriebener Käse verwendet werden.

Riesenchampignons mit Häubchen

Zutaten:
12—16 große Champignons
Zitronensaft
1 Eßl. Butter
150—200 g Gemüse (Erbsen, Möhren, Mais), kleingeschnitten
1 Tasse Mungobohnenkeimlinge
Gewürze: Kräutersalz, Muskat, Pfeffer
3—4 Scheiben Gouda- oder Butterkäse
Mandelblättchen

Zubereitung:
Champignons waschen, putzen und die Stiele vorsichtig herausdrehen. Wenn die Stiele beim Herausdrehen keine große Mulde hinterlassen, mit einem Teelöffel die Höhlung vergrößern. Die Champignons sogleich mit Zitronensaft beträufeln, damit sie nicht braun werden.
In einer Pfanne die Butter zerlassen, die in dünne Scheibchen geschnittenen Champignonstiele, Gemüse und Mungobohnenkeimlinge nur so lange dünsten, daß sie noch »Biß haben«, mit den Gewürzen abschmecken.
Die Champignons innen mit Kräutersalz und Pfeffer würzen, die Gemüsemischung einfüllen und jeden Champignon gitterförmig mit Käsestreifen belegen. Pilze in eine flache Auflaufform setzen. Im vorgeheizten Backofen (E.: 200° C, G.: 3) 15—20 Min. überbacken. Kurz vor Ende der Garzeit mit Mandelblättchen bestreuen.

Anmerkung:
Mit gebuttertem Vollkorntoast als Vorspeise oder mit Pellkartoffeln und einer Salatplatte als Hauptgericht servieren.

Überbackene Auberginen

Zutaten:
1 Auberginen, mittelgroß
Sonnenblumenöl, kaltgepreßt
Zitronensaft
4 Tomaten
Gewürze: Kräutersalz, Basilikum, Pfeffer, Paprika
1 Tasse Alfalfakeimlinge
150 g Edamer

Zubereitung:
Auberginen in 1 cm dicke Scheiben schneiden, von beiden Seiten leicht salzen und ca. 10 Min. liegen lassen.
Danach in heißem Öl von jeder Seite 2—3 Min. anbraten. Die Auberginenscheiben auf ein Backblech legen, mit Zitronensaft beträufeln. Die in Scheiben geschnittenen Tomaten auf die Auberginenscheiben legen und würzen. Darauf die auseinandergezupften Alfalfakeimlinge verteilen, mit je einer Käsescheibe in der Größe der Auberginenscheibe bedecken und Auberginen im vorgeheizten Backofen (E.: 200° C, G.: 3) 10 Min. überbacken.
Vor dem Servieren mit etwas Paprika bestreuen und mit einem Sträußchen Alfalfakeimlinge verzieren.

Anmerkung:
Auch als Vorspeise hervorragend geeignet. Hierfür reicht das halbe Rezept.

Überbackene Auberginen ▷

KARTOFFELRÖSTER KARTOFFELGRATIN

Zutaten:
1,5 kg Kartoffeln
2 Zwiebeln
8 Eßl. Linsenkeimlinge
Gewürze: Kräutersalz, Pfeffer, Paprika, Knoblauchpulver
Pflanzenöl, kaltgepreßt
4—6 Eßl. Senfkeimlinge

Zubereitung:
Die rohen Kartoffeln schälen und mit den Zwiebeln fein reiben. Linsenkeimlinge und die Gewürze untermengen. Pflanzenöl in einer Bratpfanne erhitzen, 1/4 der Kartoffelmasse hineingeben, glattstreichen, dabei etwas andrücken. Den Röster bei geringer Hitze zugedeckt auf beiden Seiten ca. 10—15 Min. braten. Zuletzt die Senfkeimlinge drüberstreuen. Die übrigen Röster ebenso braten.

Kartoffelgratin
Die Kartoffelmasse kann auch in eine gefettete Auflaufform gegeben und im Backofen (E.: 200° C, G.: 3) in 35—45 Minuten gebacken werden.
Dazu Salate reichen.

◁ Kartoffelgratin (s. o.)

GRÜNKERN-BRATLINGE

(8—10 Stück)

Zutaten:
1 Zwiebel, gewürfelt
1 Eßl. Butter oder Pflanzenmargarine
1 Möhre, feingeraspelt
1/2 l Gemüsebrühe
200 g Grünkern, gemahlen
5 Eßl. Roggenkeimlinge
1 Ei
1/2 Bund Schnittlauch, geschnitten
1 Knoblauchzehe, fein zerdrückt
Gewürze: Vollmeersalz, Kerbel, Estragon, Majoran
Pflanzenöl, kaltgepreßt

Zubereitung:
Zwiebelwürfel in Butter gelb schwitzen, Möhre kurz mitdünsten. Gemüsebrühe zugießen, Grünkernmehl einrühren, einmal aufkochen, dann bei geringer Wärmezufuhr 20 Min. quellen lassen. In die abgekühlte Masse Roggenkeimlinge, Ei, Schnittlauch und Knoblauch unterrühen und mit den Gewürzen kräftig abschmecken. Aus der Masse Bratlinge formen und diese in heißem Öl beidseitig goldbraun braten.

Anmerkung: ▶
Ist die Grünkernmasse zu feucht, 1—2 Eßl. Vollkornmehl zugeben oder die geformten Bratlinge in Vollkornbröseln wenden.
Dazu Gemüseragout oder eine Salatplatte reichen.

ROSENKOHL MIT KEIMLINGEN IN KÄSECREME

Zutaten:

500 g Rosenkohl
2 Tassen gekeimte Soja-, Adzuki- oder Mungobohnenkeimlinge oder gemischt
1 mittelgroße Zwiebel, gewürfelt
20 g Butter oder Pflanzenmargarine
1/2 l Milch oder Gemüsewasser
150 g Goudakäse
Gewürze: Kräutersalz, Muskat, Pfeffer

Zubereitung:

Rosenkohl putzen, waschen und den Stielansatz kreuzweise einschneiden, zusammen mit den Bohnenkeimlingen in wenig Salzwasser ca. 15 Min. dünsten.
Zwiebel in heißer Butter oder in Pflanzenmargarine glasig dünsten, mit Milch oder Gemüsewasser ablöschen. Geriebenen Goudakäse und Gewürze zugeben und alles bei geringer Hitzezufuhr schmelzen lassen.
Rosenkohl mit den Bohnenkeimlingen in die Soße geben und bei geringer Hitze erwärmen.

Anmerkung:

Dazu schmecken Petersilienkartoffeln.

Gefülltes Gemüse

Zutaten:
2 Salatgurken oder 8 Tomaten oder 1 Wirsing
1/2 Rezept »Grünkernbratlinge« Seite 57
1 Eßl. Pflanzenmargarine
1 Tasse Wasser oder Gemüsebrühe
1/8 l süße Sahne
Gewürze: Vollmeersalz, Kerbel, Estragon, Majoran, Knoblauchpulver

Zubereitung:
Gurken der Länge nach halbieren, Kerne herauskratzen. Die Füllung in die Gurkenschiffchen geben.
Von den ***Tomaten*** Deckel abschneiden, die Tomaten aushöhlen. Grünkernmasse einfüllen, die Deckel wieder aufsetzen.
Für die ***Wirsingrouladen*** äußere große Blätter ablösen, in kochendem Salzwasser 3 Min. garen. Wirsingblätter abtropfen lassen, evtl. dicke Blattrippen längs einschneiden. Auf je 1—2 Gemüseblätter die Füllung verteilen, Wirsingblätter zusammenrollen, Rouladen zusammenbinden oder -stecken.
Gefülltes Gemüse in ausgefettete Auflaufform geben, Wasser oder Gemüsebrühe zugießen. Zugedeckt im vorgeheizten Backofen (E.: 200 ° C, G.: 3) 30 Min. garen. Wirsingrouladen 1—2 mal wenden, evtl. den Deckel weglassen.
Vor dem Servieren die Garflüssigkeit mit Sahne und Gewürzen verfeinern.

Anmerkung:
Dazu passen Pellkartoffeln

SERVIETTENKNÖDEL

Zutaten:
8 altbackene Vollkornbrötchen
knapp 1/2 l Milch
2 Eier
2 Eßl. Butter
1 Zwiebel
1 Bund Petersilie
1 Eßl. Bockshornklee-keimlinge
6 Eßl. Linsenkeimlinge
Gewürze: Vollmeersalz, Muskat, Pfeffer

Zubereitung:
Brötchen in kleine Würfel schneiden, mit Milch übergießen und ziehen lassen, bis die Milch vollständig aufgesogen ist. Die Eier trennen, das Eigelb mit der Butter schaumig schlagen und mit den Gewürzen abschmecken, Eiweiß zu steifem Schnee schlagen. Die in Würfel geschnittene Zwiebel in wenig Butter andünsten. Die Petersilie feinhacken. Sämtliche Zutaten miteinander vermengen, zuletzt den Eischnee vorsichtig unterheben. Den Teig zu einer Rolle formen. Eine Stoffserviette in heißes Wasser tauchen, gut auswringen, den Teig darauflegen und in die Serviette einwickeln (nicht zu straff, da der Kloß noch aufgeht). Die Serviette an beiden Enden mit einem Faden zusammenbinden und mit der Öffnung nach oben an einem Kochlöffel hängend, über leicht siedendem Salzwasser zugedeckt 1 Stunde oder im Schnellkochtopf auf einem Siebeinsatz auf dem 2. Ring 30 Min. garen. Den fertigen Knödel vorsichtig aus der Serviette wickeln und in Scheiben schneiden.

Anmerkung:
Dazu paßt Pilzragout oder Gemüse je nach Jahreszeit. Sollte vom Kloß etwas übrig bleiben, können die einzelnen Scheiben in wenig Fett leicht angebraten werden.

Spaghetti mit pikanter Sosse

Zutaten:
400 g Vollkornspaghetti
1 Zwiebel in Ringe geschnitten
3 Eßl. Olivenöl
1 kleine Dose Tomatenmark
3 Eßl. süße Sahne
1 Knoblauchzehe, fein zerdrückt
Gewürze: Vollmeersalz, Estragon, Oregano, Basilikum, Pfeffer, Paprika
2 Eßl. Rettichkeimlinge
1 Eßl. Senfkeimlinge

Zubereitung:
Die Vollkornspaghetti in reichlich Salzwasser gar kochen. Zwiebelringe in heißem Öl glasig dünsten, Tomatenmark, Sahne und Knoblauch zugeben, die Soße mit den Gewürzen abschmecken, ca. 10 Minuten köcheln lassen. Zuletzt die Keimlinge in die Soße rühren.
Vollkornspaghetti auf vorgewärmte Teller geben, darüber die Tomatensoße verteilen. Heiß servieren.

Zur Abwechslung schmeckt auch

Walnuß-Sesam-Soße

Zutaten:
100 g Walnüsse, gehackt
3 Eßl. Sesamkeimlinge
1 Eßl. Pflanzenmargarine oder Butter
1/2 Knoblauchzehe, zerdrückt
100 g Doppelrahmfrischkäse
1/8—1/4 l süße Sahne (Menge je nach gewünschter Konsistenz)
1 Bund Petersilie, gehackt

Zubereitung:
Walnüsse und Sesamkeimlinge in heißer Pflanzenmargarine bzw. Butter leicht rösten. Von der Kochstelle nehmen und die übrigen Zutaten unterrühren. Die Soße erwärmen und sofort mit den heißen Spaghetti mischen.

Anmerkung: ▶
Zum nebenstehenden Rezept passen besonders gut gebackene Käsescheiben mit Champignonsoße.

Reis mit Bockshornklee und Ananas

Zutaten:
250 g Naturreis, Langkorn
1/2 l Wasser
1 Eßl. Gemüsebrüheextrakt
Sonnenblumenöl, kaltgepreßt
1 Zwiebel
2 Scheiben Ananas
4—6 Eßl. Bockshornkleekeimlinge
Gewürze: Vollmeersalz, Curry

Zubereitung:
Den Reis unter fließendem kalten Wasser abspülen, in einen Topf schütten, Gemüsebrüheextrakt im Wasser verrühren und über den Reis gießen. Den Reis einmal aufkochen lassen, dann zugedeckt bei milder Hitze 30–40 Min. quellen lassen.
Die in kleine Würfel geschnittene Zwiebel glasig dünsten. Reis, die in Stücke geschnittene Ananas und die Bockshornkleekeimlinge zugeben und gemeinsam erwärmen. Mit den Gewürzen abschmecken.

Pikante Törtchen

(8 Stück, ∅ 10 cm)

Zutaten für den Teig:
200 g Weizenvollkornmehl (Type 1700)
100 g Pflanzenmargarine oder Butter
1 Ei
1 Prise Salz
Wasser nach Bedarf

Zutaten für die Füllung:
1 Zwiebel oder
1/2 Stange Lauch
1/2 Paprika, rot
1/2 Paprika, grün
1 Tasse Soja-, Mungo- oder Adzukibohnenkeimlinge oder gemischt
1/4 l süße Sahne
1 Ei
Gewürze: Kräutersalz, Paprika, Pfeffer, Knoblauchpulver
Käse zum Überbacken

Zubereitung:
Die angegebenen Teigzutaten rasch zusammenkneten bis ein geschmeidiger Teig entstanden ist; evtl. etwas Wasser zugeben. Den Teig abgedeckt mindestens 1/2 Std. im Kühlschrank ruhen lassen. Anschließend dünn ausrollen und in die ausgefetteten Förmchen geben.

Füllung:
Zunächst die in Ringe geschnittene Zwiebel bzw. Lauch in den Förmchen verteilen. Die in Würfel geschnittenen Paprikaschoten mit den Bohnenkeimlingen mischen und obenauf geben. Sahne mit Ei verquirlen, mit den Gewürzen abschmecken und über das Gemüse gießen.
Die Törtchen im vorgeheizten Backofen (E.: 200° C, G.: 3) ca. 20 Min. backen. Kurz vor Ende der Backzeit die Törtchen mit Käse bestreuen.

Anmerkung:
Die Törtchen können auch mit anderem Gemüse gefüllt werden. Allerdings sollten einige Gemüse (z. B. Blumenkohl, Weißkraut etc.) vorher gedünstet werden.

Pikante Törtchen ▷

Pizza

Zutaten für den Teig:
(Springform 26 cm ∅)
10 g Bäckerhefe oder entsprechende Menge Trockenhefe
knapp 1/8 l lauwarmes Wasser
100 g Weizenvollkornmehl (Type 1700)
20 g Roggenvollkornmehl (Type 1800)
(wahlweise auch 120 g Weizenvollkornmehl)
2 Eßl. Pflanzenöl
1/2 Teel. Vollmeersalz

Zubereitung des Teiges:
Bäckerhefe bzw. Trockenhefe in wenig lauwarmem Wasser glattrühren. Weizen- und Roggenvollkornmehl miteinander mischen, Wasser, Pflanzenöl, Vollmeersalz und Hefe zugeben und daraus einen geschmeidigen Teig herstellen. Den Teig zugedeckt an einem warmen Ort gehen lassen, bis sich sein Volumen verdoppelt hat. Nach der Gehzeit den Teig nochmals gut durchkneten, auswellen und in eine gefettete, bemehlte Springform legen.

Zutaten für den Belag:
3 Eßl. Tomatenmark
Gewürze: Estragon, Oregano, Majoran, Rosmarin, Thymian, Kräutersalz
2 Knoblauchzehen
2 Zwiebeln
2 Tomaten
1/2 rote Paprikaschote
1/2 grüne Paprikaschote
4 Eßl. Adzukibohnenkeimlinge
2 Eßl. Rettichkeimlinge
100 g Emmentaler Käse oder je 50 g Emmentaler- und Parmesankäse, gerieben

Zubereitung des Belages:
Tomatenmark mit den Gewürzen abschmecken, die zerdrückten Knoblauchzehen unterrühren. Die Masse gleichmäßig auf den Teig streichen, mit den in Ringe geschnittenen Zwiebeln, Tomatenscheiben und den in Streifen geschnittenen Paprika belegen, nochmals würzen. Obenauf die Keimlinge verteilen und alles mit geriebenem Käse bestreuen.

Die Pizza im vorgeheizten Backofen (E.: 200° C, G.: 3) 30 Min. backen.

DESSERTS

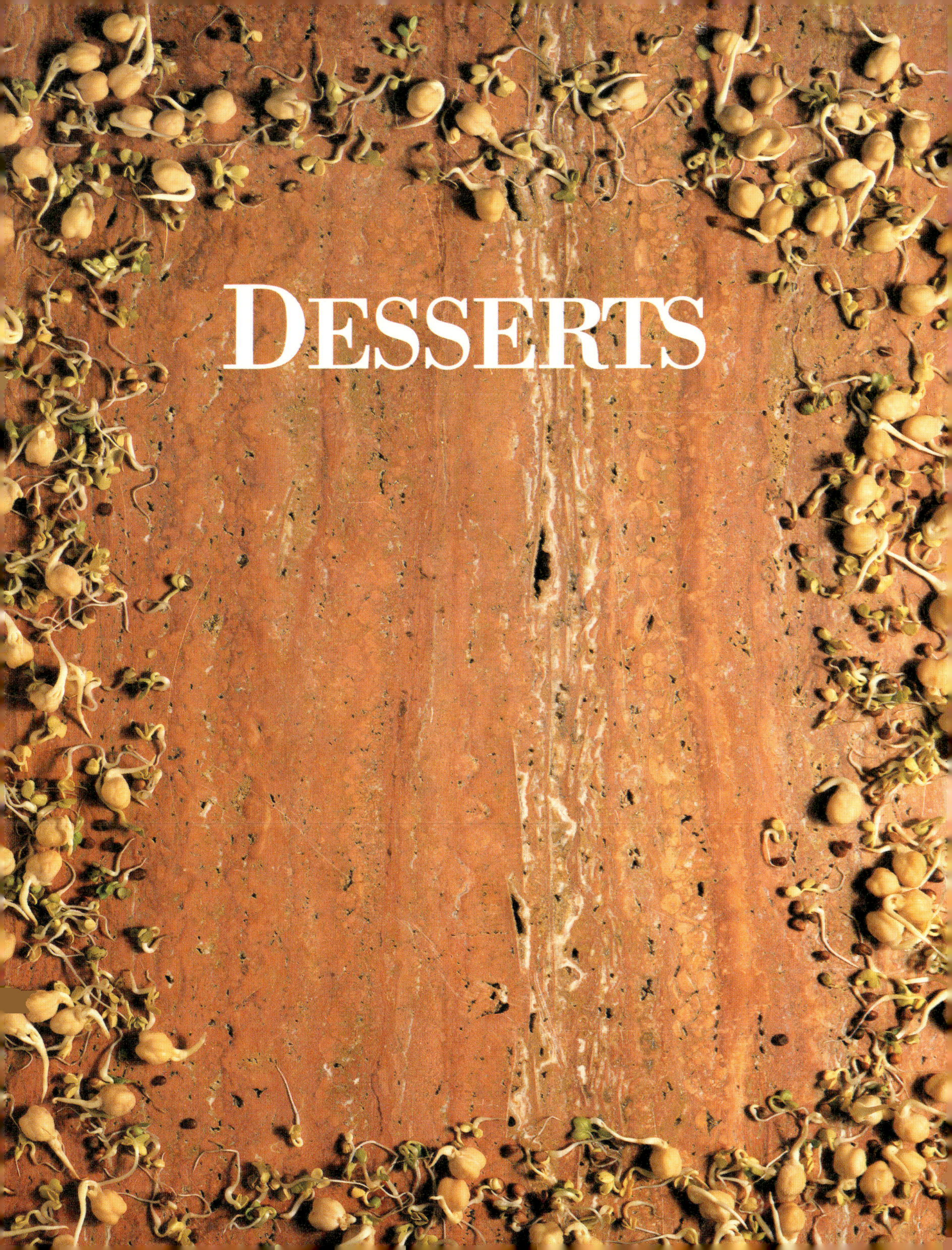

Bratapfel

(für 1 Person)

Zutaten:
1 Apfel
1 Teel. Weinbeeren, ungeschwefelt
1 Teel. Mandeln, gehackt
1 Teel. Sesamkeimlinge
1/2 Teel. Honig
1 Eßl. süße Sahne
Gewürze: Zimt, Vanille

Zubereitung:
Apfel waschen und das Kernhaus herausstechen. Weinbeeren, Mandeln, Sesamkeimlinge, Honig und süße Sahne miteinander vermengen, mit Zimt und Vanille abschmecken und in den ausgehöhlten Apfel füllen. Den Apfel in eine Auflaufform setzen, zudecken und im nicht vorgeheizten Backofen (E.: 200° C, G.: 3) je nach Apfelgröße ca. 1/2 Stunde braten.

Anmerkung:
»Gekrönt« wird der Bratapfel mit einer Vanille- oder **Kiwisoße.** Hierzu wird je nach Größe 1/2—1 Kiwi geschält und mit der Gabel zerdrückt oder im Mixer püriert. Das Kiwipüree mit Orangensaft verrühren, bis es die gewünschte Konsistenz hat. Bei Bedarf kann mit Honig oder Ahornsirup gesüßt werden.

Apfelringe im Teig

Zutaten:
2 Äpfel, mittelgroß
150 g Weizenvollkornmehl (Type 1700) oder Dinkelmehl
1 Ei
1 Prise Vollmeersalz
1/2 Teel. Zimt
1 Messerspitze Vanille
2—3 Eßl. Honig
3 Eßl. Haferkeimlinge
ca. 1/4 l Wasser oder Milch
Sonnenblumenöl

Zubereitung:
Äpfel schälen. Die Kerngehäuse mit Hilfe eines Apfelausstechers herausschneiden. Die Äpfel in ca. 1 cm dicke Ringe schneiden.
Weizenvollkornmehl bzw. Dinkelmehl mit Ei, Vollmeersalz, Zimt, Vanille, Honig, Haferkeimlingen und Milch zu einem glatten, zähflüssigen Teig verrühren. Den Teig 15 Min. quellen lassen.
Die Apfelscheiben so in den Teig tauchen, daß sie von beiden Seiten von Teig umgeben sind. Dann in heißem Sonnenblumenöl beidseitig goldgelb backen.

Anmerkung:
Ein Sahnetupfer gibt den Apfelringen noch den »letzten Schliff«.
Die Apfelringe schmecken auch als Hauptmahlzeit. Für 4 Personen ist das Rezept zu verdoppeln.

Bratäpfel mit Vanillesoße ▷

Sesam Banane

(für 1 Person)

Zutaten:
1 Banane
1 Teel. Honig
1 Teel. Zitronensaft
1 Eßl. Sesamkeimlinge
Butter
halbsteif geschlagene Sahne

Zubereitung:
Die geschälte Banane der Länge nach halbieren, mit einer Gabel mehrmals einstechen. Honig mit Zitronensaft verrühren, die Banane damit bestreichen, 15 Min. durchziehen lassen. Danach die Bananenhälften in den Sesamkeimlingen wenden, diese leicht andrücken und die Bananen in heißer Butter von beiden Seiten goldbraun braten.
Die Bananenhälften mit halbsteif geschlagener Sahne überziehen.

Süsser Reissalat

Zutaten:
1/2 Tasse Naturreis (Langkorn)
1 1/2 Tassen Vollmilch
1 Messerspitze Zimt
1 Eßl. Honig
300 g Früchte je nach Jahreszeit (Äpfel, Orangen, Bananen, Kiwi, Mango, Weintrauben, Erdbeeren . . .)
2 Eßl. Weizenkeimlinge
2 Eßl. Sesamkeimlinge
4 Eßl. Weinbeeren, ungeschwefelt
2 Eßl. Mandeln, gestiftelt
100 g Dickmilch
Apfel- oder Orangensaft
Ahornsirup oder Blütenhonig

Zubereitung:
Naturreis in die mit Zimt und Honig gesüßte Milch einstreuen, einmal aufkochen und den Reis ca. 30—40 Minuten bei mittlerer Hitze quellen lassen, dabei nicht umrühren. Den gegarten Reis etwas abkühlen lassen. Die zerkleinerten Früchte, Keimlinge, Weinbeeren, Mandeln und Dickmilch unterrühren, Reissalat mit Apfel- oder Orangensaft abschmecken, gegebenenfalls nachsüßen. Den Salat einige Zeit zugedeckt ziehen lassen.

Anmerkung:
Süßer Reissalat schmeckt an heißen Tagen auch als Hauptgericht, dann einfach die doppelte Menge zubereiten.

WAFFELN

(10—12 Waffeln)

Zutaten:
250 g Weizenvollkornmehl
(Type 1700) oder Dinkelmehl
1/2 l Vollmilch
1 Ei
50 g Butter oder
Pflanzenmargarine
1 Eßl. Honig oder Ahornsirup
2 Äpfel, mittelgroß
1 Banane
3—4 Eßl. Sesamkeimlinge
1/2 Teel. Zimt
1 Prise Vollmeersalz

Zubereitung:
Weizenvollkornmehl bzw. Dinkelmehl mit Milch, Ei, Butter bzw. Pflanzenmargarine und Honig oder Ahornsirup verrühren und den Teig ca. 10 Min. stehen lassen.

Die Äpfel schälen, entkernen, in ganz dünne Scheiben schneiden und mit der schaumig geschlagenen Banane unter den Teig mengen. Sesamkeimlinge, Zimt und Vollmeersalz zugeben.
In einem heißen Waffeleisen nacheinander die Waffeln backen.

Anmerkung:
Dazu schmeckt steifgeschlagene, mit Ahornsirup gesüßte Sahne oder Kompott.

Obstsalat mit Keimlingen

Zutaten:

1 Orange
1 Apfel
2 Bananen
Zitronensaft
4 Scheiben Ananas
1/8 l süße Sahne
4 Eßl. Leinsamenkeimlinge
2 Eßl. Mandeln, grob geraspelt

Zubereitung:

Orange schälen, in dünne Scheiben schneiden. Apfel achteln und ebenfalls in Scheiben schneiden. Eine Banane schaumig schlagen, die andere Banane in Scheiben schneiden und mit wenig Zitronensaft beträufeln. Das Fruchtfleisch der Ananas in Würfel schneiden. Die Sahne steifschlagen. Die angegebenen Zutaten miteinander vermengen und durchziehen lassen. Bei Bedarf nachsüßen. Zuletzt die steifgeschlagene Sahne unterheben.

Anmerkung:

Hübsch sieht's aus, wenn der Obstsalat in »Fruchtkörbchen« serviert wird. Dazu die Orange rundum zickzackförmig einschneiden, die Hälften auseinanderdrehen, das Fruchtfleisch herauslösen. Oder die Ananas längs halbieren, ebenfalls das Fruchtfleisch herauslösen.

BROT & BRÖTCHEN

BAUERNBROT

Zutaten:
1000 g Weizenvollkornmehl (Type 1700)
20 g Bäckerhefe
2 gekochte Kartoffeln
6 Eßl. Roggenkeimlinge
3 Teel. Vollmeersalz
gut 1/2 l Wasser, lauwarm

Zubereitung:
Weizenvollkornmehl, die in kleine Stückchen zerteilte, mit wenig Wasser glattgerührte Hefe, die fein zerdrückten Kartoffeln, die Roggenkeimlinge, das Vollmeersalz und einen Teil des Wassers in eine Schüssel geben und intensiv miteinander vermengen. Nach und nach das restliche Wasser unter ständigem Kneten zuschütten. Den Teig mindestens 10 Min. intensiv kneten. Zugedeckt an einem warmen Ort 40-50 Min. gehen lassen. Er sollte während dieser Zeit sein Volumen etwa verdoppeln. Den Teig auf eine bemehlte Arbeitsfläche geben, nochmals gut durchkneten und einen Laib formen. Zugedeckt 30 Minuten gehen lassen. Den Laib auf ein gefettetes, bemehltes Blech legen, mit einer Gabel mehrmals einstechen oder einschneiden und den Brotlaib in den auf höchste Stufe vorgeheizten Backofen schieben, in den man bereits ein Gefäß mit Wasser gestellt hat, sodaß sich schon Wasserdampf im Ofen befindet.
Nach 10—15 Minunten Backzeit (E.: 180 ° C, G.: 2) zurückschalten. Die Gesamtbackzeit des Brotes beträgt 60—70 Minuten. Das Brot ist dann fertig, wenn es beim Klopfen auf die Unterseite hohl klingt. Während des Backvorganges kann das Brot mehrmals mit Wasser bestrichen werden, es bekommt dann eine schöne, knusprig braune Kruste.

Brötchen

Zutaten:
600 g Weizenvollkornmehl (Type 1700) oder Dinkelmehl
20 g Bäckerhefe oder entsprechende Menge Trockenhefe
2 Eßl. Pflanzenmargarine
1 gestrichener Eßl. Vollmeersalz
8 Eßl. Weizenkeimlinge
3/8 l Wasser
Sesam, Mohn, Sonnenblumenkerne, Kümmel

Zubereitung:
Weizenvollkornmehl in eine Schüssel geben, dazu die in wenig lauwarmem Wasser glattgerührte Bäcker- bzw. Trockenhefe, Pflanzenmargarine, Vollmeersalz, Weizenkeimlinge und Wasser. Sämtliche Zutaten gut miteinander vermengen und den Teig intensiv kneten, bis er geschmeidig ist. Den Teig an einem warmen Ort zugedeckt gehen lassen, bis sich sein Volumen verdoppelt hat. Danach nochmals kurz durchkneten und in 10—12 Stücke teilen, daraus runde oder ovale Brötchen formen. Die Oberfläche der Brötchen mit Wasser oder Milch bepinseln und mit Sesam, Mohn, Sonnenblumenkernen oder Kümmel bestreuen. Die Oberfläche der Brötchen nach Belieben diagonal oder sternförmig 1 cm tief einschneiden. Die Brötchen auf ein gefettetes, leicht bemehltes Blech legen. Nochmals kurz gehen lassen, anschließend im vorgeheizten Backofen (E.: 220° C, G.: 4) 10 Minuten, danach bei 180° C, G.: 2, nochmals 20 Minuten goldbraun backen.

Anmerkung:
Es empfiehlt sich, ein Gefäß mit Wasser in den Backofen zu stellen, ehe die Brötchen eingeschoben werden. Das Gefäß mit Wasser verbleibt während der gesamten Backzeit im Ofen.

Gewürztaler

(10—12 Stück)

Zutaten:
350 g Weizenvollkornmehl (Type 1700)
1 Teel. Backpulver
1/2 Teel. Vollmeersalz
1/2 Teel. Rosmarin, gerebbelt oder gemahlen
2 Eßl. Rettichkeimlinge
1 Eßl. Senfkeimlinge
2 Eßl. Sonnenblumenöl, kaltgepreßt, 1/4 l Milch

Zubereitung:
Alle Zutaten in eine Schüssel geben und zu einem geschmeidigen Teig verkneten. Teig an einem kühlen Ort 1/2 Stunde zugedeckt stehen lassen. Danach den Teig nochmals kurz durchkneten und 1 cm dick auswellen. Mit Hilfe eines Glases 10—12 Taler austechen, diese auf ein gefettetes Backblech legen. Die Gewürztaler mit Wasser bestreichen, in den kalten Backofen schieben und bei E.: 220° C, G.: 4, 20 Minuten backen. (Im vorgeheizten Backofen benötigen die Taler eine Backzeit von 10 Min.).

Anmerkung:
Am besten schmecken die Gewürztaler noch lauwarm zu Suppen oder Eintöpfen.

Brotaufstriche

Würziger Hüttenkäse

Zutaten:
300—350 g Hüttenkäse
1/2 Zwiebel
1/2 Paprika, rot
2 Eßl. Rettichkeimlinge oder Rettichgrünkraut, kleingeschnitten
1 Knoblauchzehe, fein zerdrückt
Gewürze: Vollmeersalz, Paprika, Pfeffer
Zum Verzieren: Kresse

Zubereitung:
Zwiebel und Paprika in kleine Würfel schneiden. Den Hüttenkäse mit einer Gabel auflockern, sämtliche Zutaten unterheben und mit den Gewürzen abschmecken. Hüttenkäse auf Brotscheiben verteilen und mit Kressesträußchen garnieren.

Anmerkung:
Dieser würzige Hüttenkäse eignet sich auch vorzüglich zum Füllen von Tomaten.

Möhren-Nuss-Quark

Zutaten:
200 g Quark
etwa 1/8 l Vollmilch
2—4 Möhren
100 g Haselnüsse
4 Eßl. Haferkeimlinge
Gewürze: Honig
Zum Verzieren: Petersilie

Zubereitung:
Quark mit Vollmilch glattrühren. Die feingeraspelten Möhren, die feingemahlenen Haselnüsse und die Haferkeimlinge unterrühren, mit Honig nach Bedarf süßen. Möhrenquark auf Brote streichen und diese mit Petersiliensträußchen verzieren.

Sesamüberraschung

Zutaten:
100 g Haselnüsse
3 Eßl. Sesamkeimlinge
1 Eßl. Butter
1/2 Knoblauchzehe, fein zerdrückt
100 g Frischkäse

Zubereitung:
Die gehackten Haselnüsse zusammen mit den Sesamkeimlingen in heißer Butter leicht rösten. Die Masse abkühlen lassen. Frischkäse mit Knoblauch und der Nuß-Keimlings-Masse verrühren. Ideal als Brotaufstrich auf Vollkorn-Cräckern oder auf Toast.

Anmerkung:
Zu Kugeln geformt und in Pumpernickelbröseln, Mandelblättchen, in gehackten Kräutern o. ä. gewälzt, eine leckere Ergänzung für jede Käseplatte.

Eingelegter Schafskäse

Zutaten:
500 g Schafskäse
2 Eßl. Rettichkeimlinge
2 Eßl. Senfkeimlinge
5 Wacholderbeeren
1/2 Teel. Rosmarinnadeln
2 Messerspitzen Thymian, Majoran, Oregano, Basilikum
1 Messerspitze Pfeffer
1 Knoblauchzehe, geschält
5 schwarze Oliven
Olivenöl, kalt gepreßt (Jungfernöl)

Zubereitung:
Den Schafskäse in große Stücke teilen, mit den Keimlingen in ein verschließbares Glas oder Steinguttopf geben. Kräuter, Gewürze, Knoblauch und Oliven dazwischen schichten. So viel Olivenöl einfüllen, daß alles gut bedeckt ist. Das Glas gut verschließen und den Käse an nicht zu warmem Ort mindestens 1 Woche reifen lassen. Der Käse kann angebrochen bis zu 6 Wochen im Kühlschrank aufbewahrt werden. Allerdings muß er immer mit Öl bedeckt sein.

Anmerkung:
Der eingelegte Schafskäse mit den Keimlingen eignet sich als würziger Brotaufstrich sowie kleingewürfelt als Salatzutat. Das Olivenöl wird für Salatmarinaden verwendet.

Literatur

Bornar, Miroslav T.
Mikrobielle Belastung von Keimlingen am Beispiel von Speisekeimlingen aus Mungobohnen und Weizen
Ernährungsumschau, 7/1987, S. 226ff

Bosse, B., Rohde, A., Meier-Ploeger, A.
Keimlinge — eine Bereicherung des Gemüseangebotes?
AID Verbraucherdienst 3/1986, S. 54ff

Burggrabe, H., Gronau, H.
Vollkorn, Schrot & Mühlen
Hädecke-Verlag, Weil der Stadt, 1987

Galston, Arthur, W.
Physiologie der grünen Pflanzen
Franck'sche Verlagsbuchhandlung, Stuttgart, 1964

Gronau, Hermine
Ballaststoffe
Gesundheitsbrücke, Kundenzeitschrift der Reformhäuser Heimbach, Inh. Dr. H. Burggrabe, Nr. 13 / 1986, S. 33ff

Die große GU Nährwert Tabelle
Gräfe und Unzer, 1988/1989

Harmuth-Hoene, A.-E., Bognar, A. E., Kornemann, U., Diehl, J. F. Der Einfluß der Keimung auf den Nährwert von Weizen, Mungobohnen und Kichererbsen.
Bundesforschungsanstalt für Ernährung Lebensmittel-Untersuchung und -Forschung, 185/1987, S. 386ff

Josst, G., Vreden, H.
Über die Kennzeichnung von Bohnenkeimlingen
AID Verbraucherdienst 12/1986, S. 249ff

Koerber, Männle, Leitzmann
Vollwert-Ernährung
Haug-Verlag, Heidelberg, 1985

Meier-Ploeger, Angelika, Vogtmann, Hartmut
Keimlinge — eine sinnvolle Bereicherung des Gemüseangebotes?
Ernährungsumschau, 12/1986, S. 374ff

Nöcker, Rose-Marie
Das große Buch der Sprossen und Keime
Heyne-Verlag, München, 1987

Nöcker, Rose-Marie
Körner und Keime
Heyne-Verlag, München, 1983

Nöcker, Rose-Marie
Sprossen und Keime
Heyne-Verlag, München, 1986

O. V.
Junges Gemüse
Kraut & Rüben, 1/1988, S. 31ff

Bezugsquellen

Die in unserem Buch erwähnten Keimgeräte und Produkte sind in Reformhäusern und -depots, in Naturkostläden und den Reformabteilungen vieler Warenhäuser erhältlich. Dort werden Sie fachgerecht beraten.

Wenn Sie zusätzliche Informationen wünschen, können Sie sich direkt an folgende Hersteller wenden:

Biosnacky, Biosnacky-Keimli und Hydro 12:
Biokosma GmbH
Postfach 5509
7750 Konstanz 12

HaWo's Tonkeimer und Sprossen-Toni:
HaWo's Kornmühlen
Habitzheimer Straße
6111 Otzberg-Lengfeld

Keimfrisch-Geräte und -Samen
Fink GmbH
Postfach 1160
7033 Herrenberg

Rezepte von A bis Z